U0800337

HXD3 型电力机车
实训操作手册

《HXD3 型电力机车实训操作手册》编委会　编

中国铁道出版社有限公司

2024 年·北　京

内 容 简 介

本书对 HXD_3 型电力机车转换开关、按钮进行详细介绍，以自动开关断开现象、机车操作方法、制动系统设置、机车试验为重点，清晰阐述机车操纵注意事项及故障处理方法，并配以现场视频辅助学习。

本书适用于 HXD_3 型电力机车的学员定职副司机、副司机晋升司机的资格性考前培训，也可作为机车乘务员日常模拟驾驶实作学习训练和业务技能鉴定考核辅导用书。

图书在版编目(CIP)数据

HXD_3 型电力机车实训操作手册 /《HXD_3 型电力机车实训操作手册》编委会编. -- 北京 : 中国铁道出版社有限公司, 2024. 11. -- ISBN 978-7-113-31722-5

Ⅰ. U264-62

中国国家版本馆 CIP 数据核字第 2024LH5705 号

书　　名：HXD_3 型电力机车实训操作手册
作　　者：《HXD_3 型电力机车实训操作手册》编委会

责任编辑：李晓慧　　**编辑部电话：**(010)51873421　　**电子邮箱：**jiche@ tdpress. com
封面设计：崔丽芳
责任校对：苗　丹
责任印制：高春晓

出版发行：中国铁道出版社有限公司(100054，北京市西城区右安门西街 8 号)
网　　址：https://www. tdpress. com
印　　刷：天津嘉恒印务有限公司
版　　次：2024 年 11 月第 1 版　2024 年 11 月第 1 次印刷
开　　本：880 mm×1 230 mm 1/32　**印张：**3. 5　**字数：**76 千
书　　号：ISBN 978-7-113-31722-5
定　　价：48. 00 元

版权所有　侵权必究

凡购买铁道版图书，如有印制质量问题，请与本社读者服务部联系调换。电话：(010)51873174
打击盗版举报电话：(010)63549461

编　委　会

主　　任： 陆彦彬

副主任： 李万臣

主　　编： 刘同锋　孙瑞东　赵庆国

副主编： 李振修　杨明卿　赵晓刚　王　华　陈　鹏　柳甲贤

编　　委： 郑宪辉　赵泽安　张　远　刘　哲　王　伟　刘晓轩　刘小军　陈　鑫　赵志强　张　茂　杨　栓　孙红庆

编写人员： 刘莉娜　王　锋　陈保伟　樊旭刚　兰东宏　李　雷　朱炳浩　张　毅　杨晨冬　聂设元　李　霞　李联洲　董　亮　刘胜宏　陈　卓　谭嘉琦

前　言

随着我国铁路的快速发展，大量新机型、新设备不断应用到行车一线工作上，对机务运用及检修系统职工的基本素质要求也越来越高。为了满足机务部门广大职工日常培训学习需求，我们按照实用、实际、实效的原则编写了《HXD_3 型电力机车实训操作手册》。

本书共六章：第一章为转换开关，第二章为按钮，第三章为自动开关断开现象，第四章为操作方法，第五章为制动系统设置，第六章为机车试验。本书以图片及视频的形式详细地介绍了 HXD_3 型电力机车开关、按钮等部件的操作方法和作业标准，对电力机车乘务员及机务检修部门职工日常提升业务技能具有指导意义，可作为铁路机务专业相关部门干部职工日常学习的辅导用书。

本书由中国铁路郑州局集团有限公司教材编审委员会组织编写，机务部、职培部、洛阳机务段相关技术业务骨干参与编写、拍摄工作。书中涉及的内容如有与现行规章不一致之处，请以现行规章为准。

由于编者水平有限，不妥之处欢迎读者批评指正，并提出宝贵意见和建议。

编　者

2024 年 5 月

目　录

第一章

转换开关

1. 主变流器隔离开关 SA41 ~ SA467

（1）设置位置

虚拟开关，设置在微机控制系统。

（2）作用状态

正常情况下，主变流器隔离开关均处于“运行”状态（进入微机显示屏开关状态画面第三页，确认该主变流器隔离开关底色显示黑色），其对应的主变流器均正常投入工作；当某一主变流器（包括牵引电机）发生过流、接地等故障无法正常工作或因工作需要需将其切除时，可通过微机显示屏触摸开关的操作，使该主变流器隔离开关处于“切除”状态（进入微机显示屏开关状态画面第三页，确认该主变流器隔离开关底色变为红色），人为将需要切除的主变流器切除。

（3）人为切除主变流器

①在微机显示屏“牵引/制动”画面上，点击【开放状态】触摸键，微机显示屏切换到“开放”画面，如图 1-1 所示。

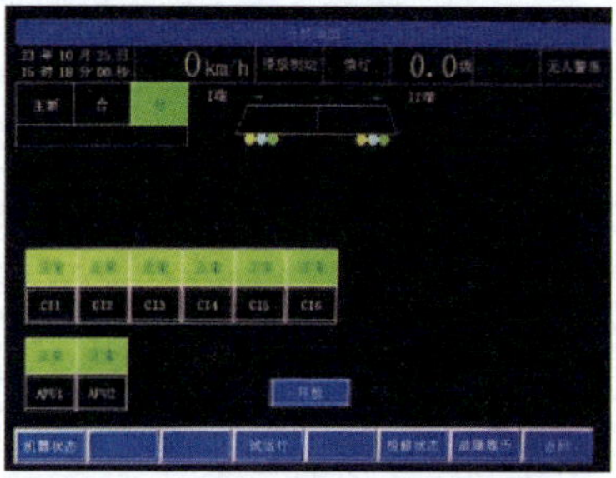

图 1-1　显示“开放”画面（正常）

②点击需要切除的【CI×】，字母底色由黑色变为蓝色，如图 1-2 所示。

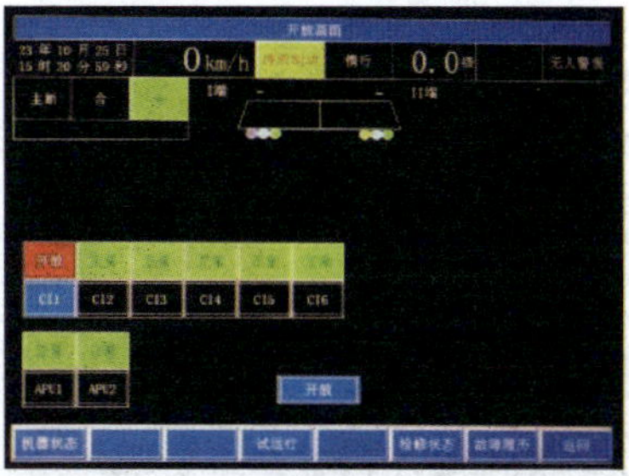

图 1-2　CI1 底色由黑色变为蓝色

③点击【开放】触摸键，此时，需要切除的 CI×上方的“正常”二字变为“开放”二字，底色由绿色变为红色。其对应的主变流器隔离开关即处于“切除”状态，需要切除的 CI×被成功的切除，如图 1-3 所示。

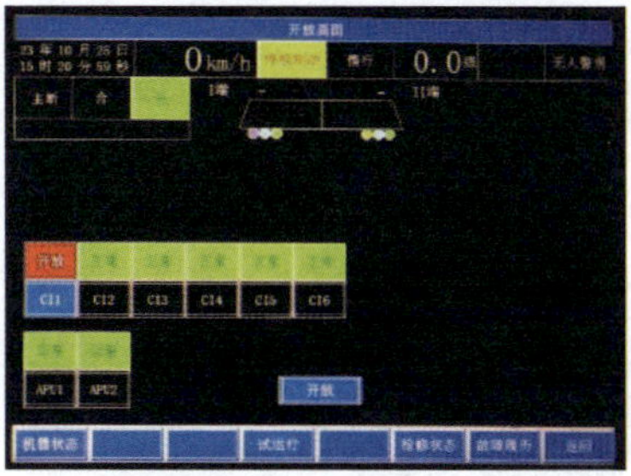

图 1-3　CI1“开放”二字由绿色变为红色

（4）人为恢复主变流器

①在微机显示屏“牵引/制动”画面上，点击【开放状态】触摸键，微机显示屏切换到“开放”画面，如图 1-3 所示。

②点击被切除的【CI×】(“开放”二字下对应的【CI×】)，字母底色由蓝色变为黑色，如图 1-4 所示。

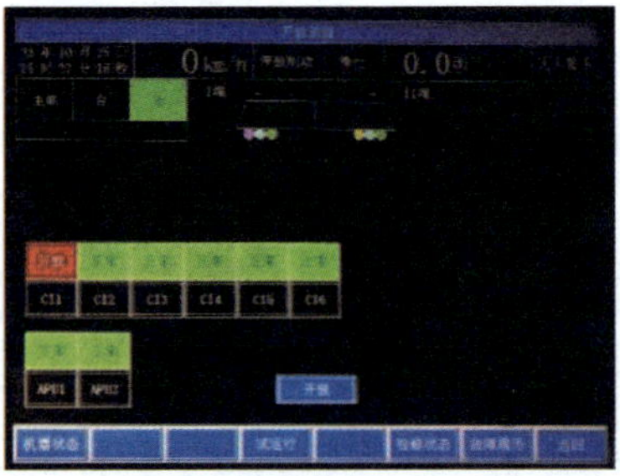

图 1-4　CI1 底色由蓝色变为黑色

③点击【开放】触摸键，此时，需要恢复的 CI×上方的“开放”二字变为“正常”二字，底色由红色变为绿色。其对应的主变流器隔离开关即处于“运行”状态，原切除的 CI×被成功恢复，如图 1-1 所示。

(5）注意事项

①当某一主变流器无法正常工作时，一般情况下，微机控制系统会自动将其切除。若无法自动切除时，可采用人为切除的方法将其切除。

②人为切除或恢复主变流器时，应在调速手柄回“0”位后进行。

③运行途中，当某一牵引电机发生故障，也通过主变流器隔离开关将其切除。

2. 辅变流器隔离开关 SA47、SA48

（1）设置位置

虚拟开关，设置在微机控制系统。

（2）作用状态

正常情况下，辅变流器隔离开关均处于“运行”状态（进入微机显示屏“开关状态”画面第三页，确认该辅变流器隔离开关底色显示为黑色），其对应的辅变流器均正常投入工作；当某一辅变流器发生过流、接地等故障无法正常工作或因工作需要将其切除时，可通过微机显示屏触摸开关的操作，使该辅变流器隔离开关处于“切除”状态（进入微机显示屏“开关状态”画面第三页，确认该辅变流器隔离开关底色变为红色），人为将需要切除的辅变流器切除。

（3）人为切除辅变流器

①在微机显示屏“牵引/制动”画面上，点击【开放状态】触摸键，微机显示屏切换到“开放”画面，如图 1-1 所示。

②点击需要切除的【APU ×】，字母底色由黑色变为蓝色，如图 1-5 所示。

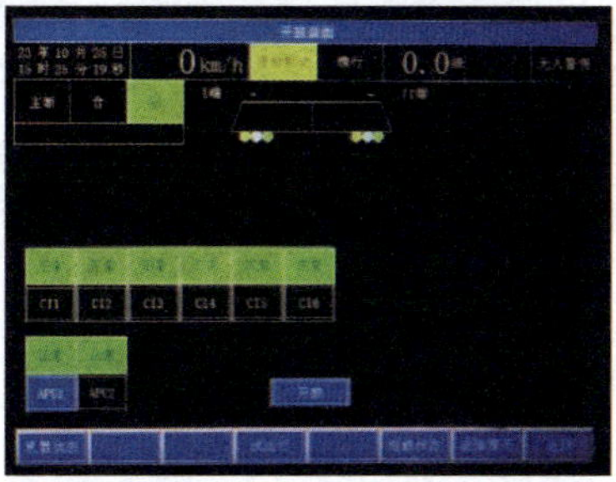

图 1-5　APU1 底色由黑色变为蓝色

③点击【开放】触摸键，此时，需要切除的 APU × 上方的“正常”二字变为“开放”二字，底色由绿色变为红色。其对应的辅变流器隔离开关即处于“切除”状态，需要切除的 APU × 被成功的切除，如图 1-6 所示。

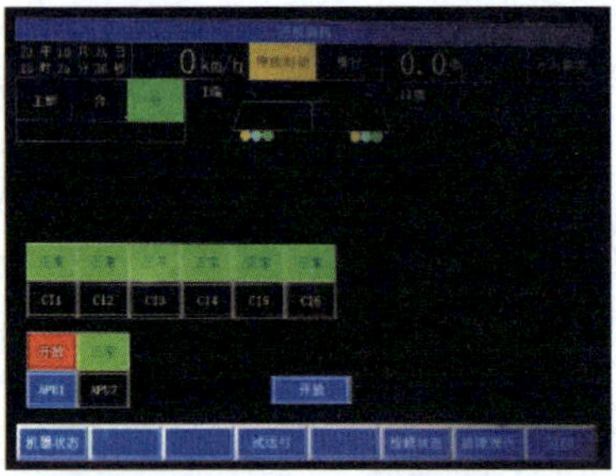

图 1-6　APU1“开放”二字由绿色变为红色

（4）人为恢复辅变流器

①在微机显示屏“牵引/制动”画面上，点击【开放状态】触摸键，微机显示屏切换到“开放”画面，如图 1-7 所示。

②点击被切除的【APU ×】（“开放”二字下对应的【APU ×】），字母底色由蓝色变为黑色，如图 1-7 所示。

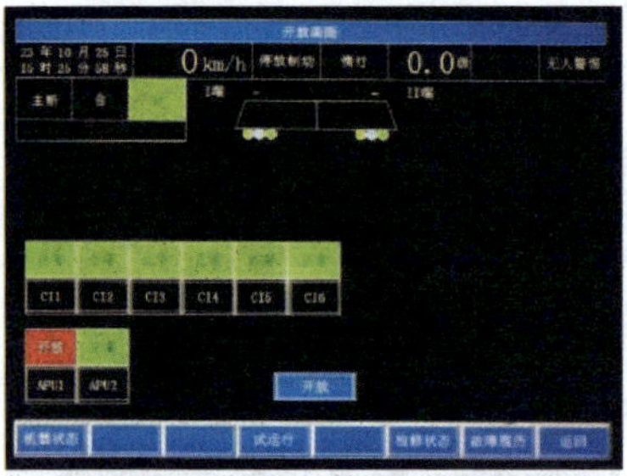

图 1-7　APU1 底色由蓝色变为黑色

③点击【开放】触摸键，此时，需要恢复的 APU × 上方的“开放”二字变为“正常”二字，底色由红色变为绿色。其对应的辅变流器隔离开关即处于“运行”状态，原切除的 APU × 被成功恢复，如图 1-1 所示。

（5）注意事项

①当某一辅变流器单元发生故障时，一般情况下，微机控制系统会自动将其切除。若无法自动切除时，可采用人为切除的方法将其切除。

②人为切除或恢复辅变流器时，应在断开主断路器后进行。

③某一辅变流器被切除后，微机控制系统会自动对辅助电路进行故障转换，由另一辅助变流器承担除非操纵端压缩机以外的全车辅助电路负载。

④某一辅变流器被切除后，应随时注意确认总风缸风压，并适时将压缩机扳键开关置“强泵风”位进行强制泵风，确保总风缸风压在 750 kPa 以上，以利于行车安全。

3. 辅助电路接地隔离开关 GS7、GS8

正常情况下，HXD3 型电力机车辅助电路可分为相对独立的两个供电系统，故全车设有两套接地装置，也就设有两个辅助电路接地隔离开关。

（1）设置位置

设置在控制电器柜的右下部，如图 1-8 所示。

（2）作用位置

设有“运行”“故障”位两个位置。正常情况下，辅助电路接地隔离开关 GS7、GS8 置“运行”位，如图 1-9 所示。

图 1-8　辅助电路接地隔离开关设置位置

图 1-9　GS8 处于“运行”位

当辅助电路接地装置本身故障或检查确知某一辅变流器及其供电电路仅有一点接地且不能切除时，才将其对应的辅助电路接地隔离开关置“故障”位维持运行，如图 1-10 所示。

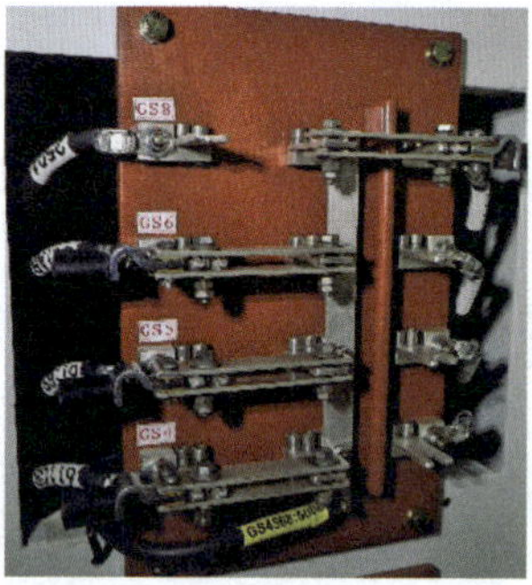

图 1-10　GS8 处于“故障”位

（3）注意事项

①若切除接地辅变流器单元能够维持运行时，禁止将辅助电路

接地隔离开关置“故障”位。

②若断开某些辅助自动开关及转换（扳键）开关，即可消除接地，且能够维持运行时，不得将辅助电路接地隔离开关置“故障”位。

③若发生辅助电路接地、过载同时动作时，严禁将辅助电路接地隔离开关置“故障”位。

④辅助电路死接地，在未确认一点接地的情况下，严禁将辅助电路接地隔离开关转至“故障”位。

⑤需要进行辅助电路接地隔离开关转换时，应在断电、降弓，按规定对高压接地开关操作后，再打开控制电器柜门进行转换。

⑥辅助电路接地隔离开关置“故障”位维持运行时，必须随时注意确认仪表显示，发现异常情况，应及时采取措施断开主断路器，以防事故扩大。

4. 主电路接地隔离开关 GS1 ~ GS6

HXD_3 型电力机车牵引主电路可分为相对独立的六组牵引主电路单元，每组牵引主电路单元设置一套接地保护装置，故全车共设六套主电路接地保护装置，也就设有六个主电路接地隔离开关。

（1）设置位置

设置在控制电器柜的右下部，如图 1-11 所示。

（2）作用位置

设有“运行”“故障”位两个位置。正常情况下，主电路接地隔离开关置“运行”位，如图 1-12 所示。

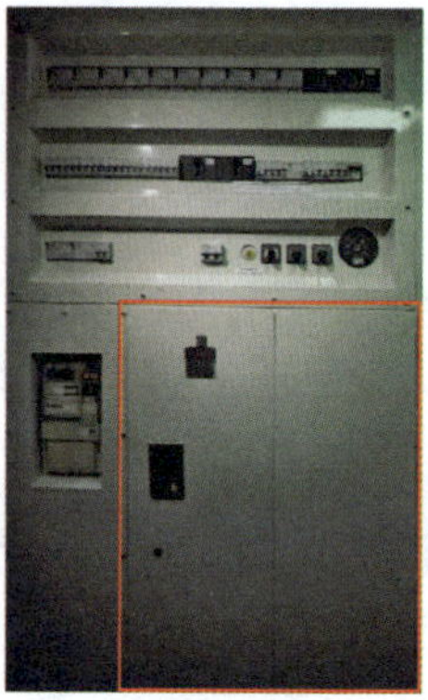

图 1-11　主电路接地隔离开关设置位置

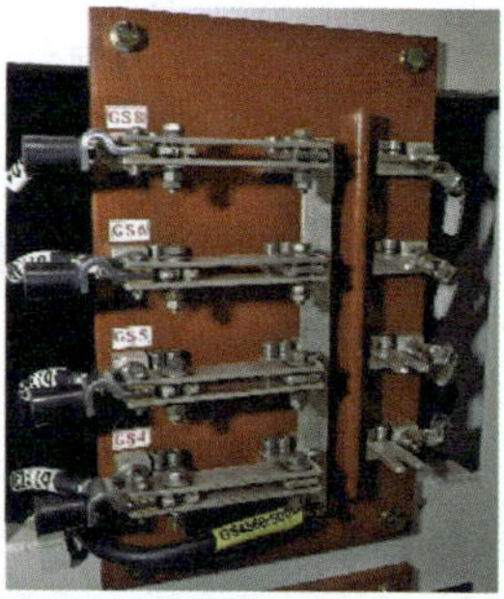

图 1-12　GS6 处于“运行”位

在运行中，若某一主变流器及其供电的牵引电机发生接地无法处理，且将其切除又不能维持运行时，在确认只有一点接地的情况下，可将与之对应的主电路接地隔离开关置“故障”位维持运行，如图 1-13 所示。

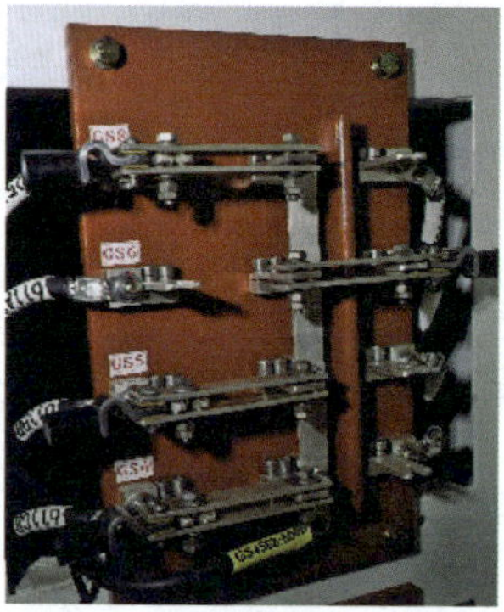

图 1-13　GS6 处于“故障”位

（3）注意事项

①若切除接地主变流器单元能够维持运行时，禁止将主电路接地隔离开关置“故障”位。

②若发生主电路接地、过载同时动作时，严禁将主电路接地隔离开关置“故障”位。

③主电路死接地，在未确认一点接地的情况下，严禁将主电路接地隔离开关转至“故障”位。

④需要进行主电路接地隔离开关转换时，应在断电、降弓，按规定对高压接地开关操作后，再打开控制电器柜门进行转换。

⑤主电路接地隔离开关置“故障”位维持运行，由于与之对应的主变流器及牵引电机已无接地保护，故必须随时注意仪表显示，发现异常情况，应及时采取措施断开主断路器，以防事故扩大。

5. 受电弓高压（故障）隔离控制开关 SA96

（1）设置位置

设置在控制电器柜中部，如图 1-14 所示。

图 1-14　受电弓高压（故障）隔离控制开关设置位置

（2）作用位置

设有“0（运行）”“Ⅰ端隔离”“Ⅱ端隔离”位三个作用位置。

正常情况下，受电弓高压隔离控制开关置“0”位，如图 1-15 所示。

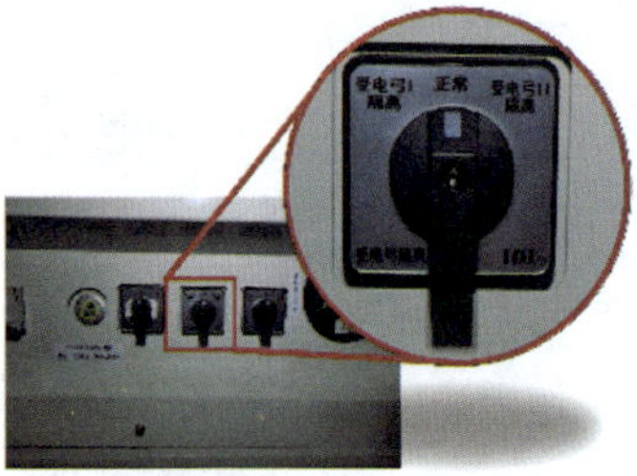

图 1-15 受电弓隔离开关置“0”位

当Ⅰ端受电弓刮弓、受电弓支持瓷瓶炸裂等原因造成接地，或因特殊需要需将Ⅰ端受电弓切除时，可将Ⅰ端受电弓高压隔离控制开关置“Ⅰ端隔离”位，如图 1-16 所示，以切除Ⅰ端受电弓并通过受电弓高压隔离开关把已故障的Ⅰ端受电弓从车顶高压电路中甩出。

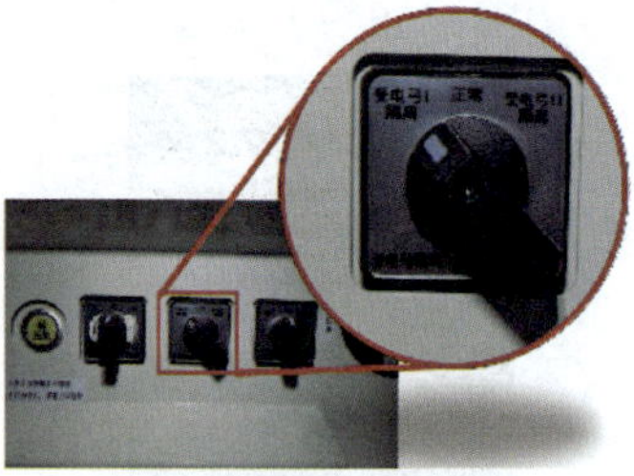

图 1-16 受电弓隔离开关置“Ⅰ端隔离”位

当Ⅱ端受电弓刮弓、受电弓支持瓷瓶炸裂等原因造成接地，或因特殊需要需将Ⅱ端受电弓切除时，可将Ⅱ端受电弓高压隔离控制开关置“Ⅱ端隔离”位，如图 1-17 所示，以切除Ⅱ端受电弓并通过受电弓高压隔离开关把已故障的Ⅱ端受电弓从车顶高压电路中甩出。

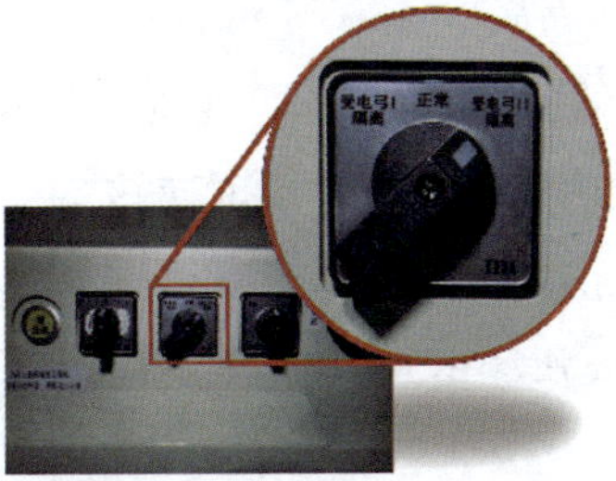

图 1-17 受电弓隔离开关置“Ⅱ端隔离”位

（3）转换方法及注意事项

①转换前，应首先根据机车实际状态（是否会造成顶电或受电弓掉落），确认是否需要登上车顶进行处理；登上车顶，检查处理受电弓后，再将受电弓高压隔离控制开关置“Ⅰ（Ⅱ）端隔离”位。

②操作受电弓高压隔离控制开关前，应先断电、降弓。

③受电弓高压隔离控制开关置“Ⅰ（Ⅱ）端隔离”位，不但将Ⅰ（Ⅱ）端受电弓从车顶高压电路中甩出，同时也使Ⅰ（Ⅱ）端受电弓无法再升起。

6. 受电弓高压隔离开关 QS1、QS2

（1）设置位置

每台机车设置两个受电弓高压隔离开关，如图 1-18 所示，每一受电弓对应设置一个，用其将受电弓与车顶高压电路间连通或断开。其设置在车顶中部，主断路器两侧。

（2）作用位置

受电弓高压隔离开关设有“运行”“隔离”位两个位置。正常情况下，受电弓高压隔离开关置“运行”位，如图 1-18 所示，在此位置，受电弓与车顶高压电路间连通；当某端受电弓因刮弓、支持瓷瓶炸裂等原因造成接地时，可使该端受电弓高压隔离开关转至“隔离”位，如图 1-19 所示，将该端受电弓与车顶高压电路间断开，以达到将该端受电弓从车顶高压电路中甩出（隔离）的目的。

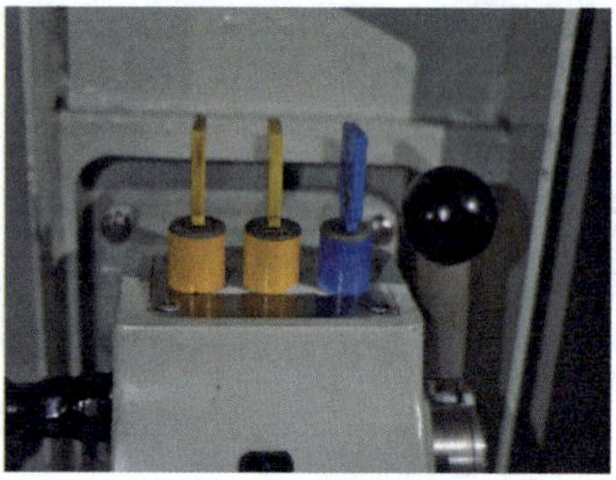

图 1-18　受电弓高压隔离开关设置位置

图 1-19　高压隔离开关“隔离”位

（3）转换方法及注意事项

受电弓高压隔离开关的动作方式采用空气操作式（机车内设置 4 个电空阀），其受电弓高压隔离控制开关的控制。

①将受电弓高压隔离控制开关 SA96 置“0”位，如图 1-20 所示，Ⅰ、Ⅱ端受电弓高压隔离开关均处在（或转换至）“运行”位。

②将受电弓高压隔离控制开关 SA96 置“Ⅰ端隔离”位，如图 1-21 所示，Ⅰ端受电弓高压隔离开关处在（或转换至）“隔离”位。

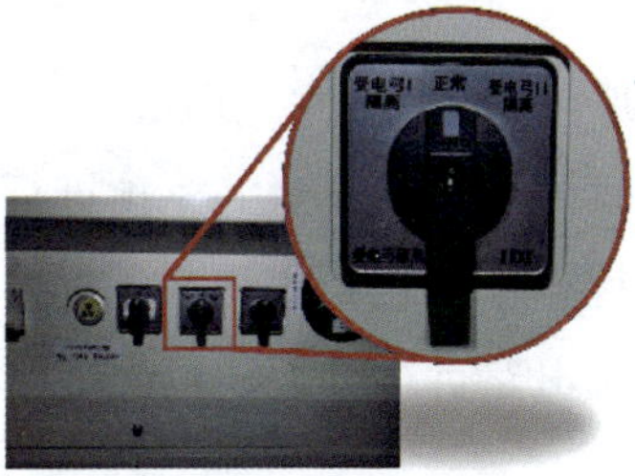

图 1-20　SA96 置“0”位

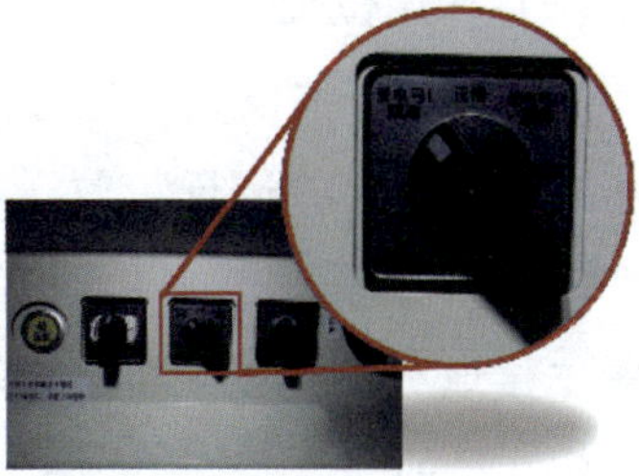

图 1-21　SA96 置“Ⅰ端隔离”位

③将受电弓高压隔离控制开关 SA96 置“Ⅱ端隔离”位，如图 1-22 所示，Ⅱ端受电弓高压隔离开关处在（或转换至）“隔离”位。

④Ⅰ端受电弓高压隔离开关处在“隔离”位时，微机显示屏故障信息显示区显示“受电弓 1 故障”；Ⅱ端受电弓高压隔离开关处在“隔离”位时，微机显示屏故障信息显示区显示“受电弓 2 故障”。

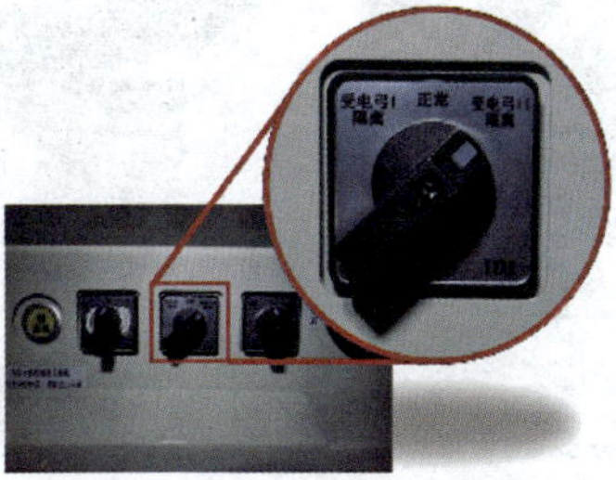

图 1-22　SA96 置“Ⅱ端隔离”位

7. 高压接地开关 QS10

（1）设置位置

设置在机车车顶中部，邻近主断路器。

（2）作用位置

高压接地开关设有“运行”“接地”位两个位置。正常运行时，高压接地开关置“运行”位；当需要打开车顶天窗登上车顶进行检查处理或需要打开控制电器柜门进行检查处理时，才将高压接地开关置“接地”位，使主断路器两侧高压电路可靠接地，以保证机车及工作人员的安全。

（3）高压接地开关的转换方法

①由“运行”位转至“接地”位

在断电、降弓后：

a. 将制动控制柜上蓝色钥匙逆时针旋转 90°至受电弓控制塞门“关闭”位（水平状态）拔出。控制柜蓝色钥匙“运转”位和“关闭”位如图 1-23、图 1-24 所示。

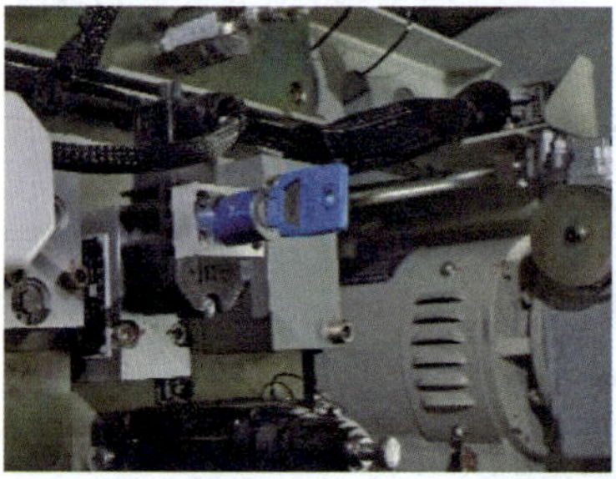

图 1-23　控制柜蓝色钥匙“运行”位

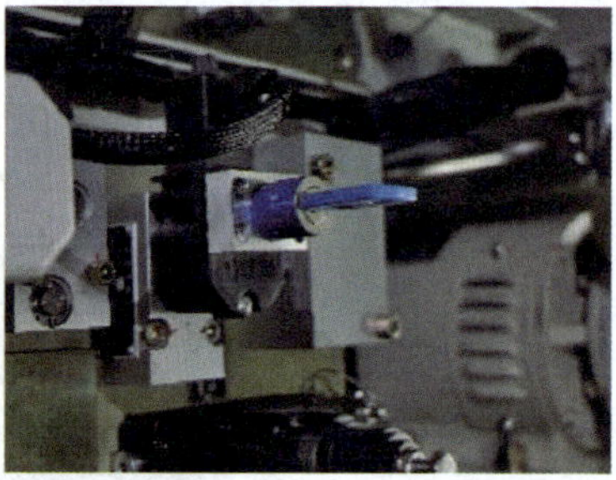

图 1-24　控制柜蓝色钥匙“关闭”位

b. 将蓝色钥匙水平插入高压接地开关蓝色锁内，如图 1-25 所示；再顺时针旋转 90°呈垂直状态，如图 1-26 所示。

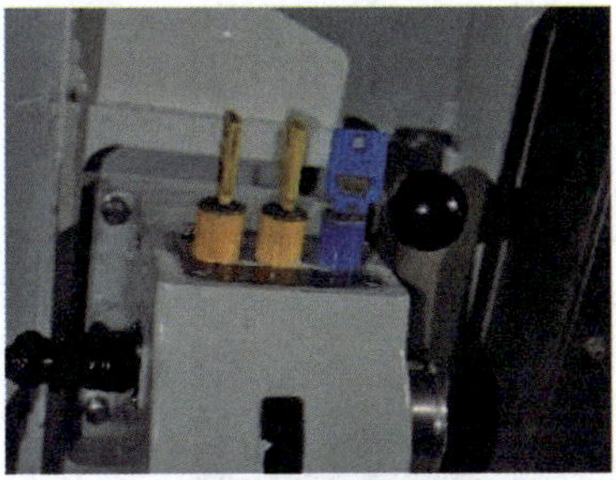

图 1-25　高压接地开关蓝色锁

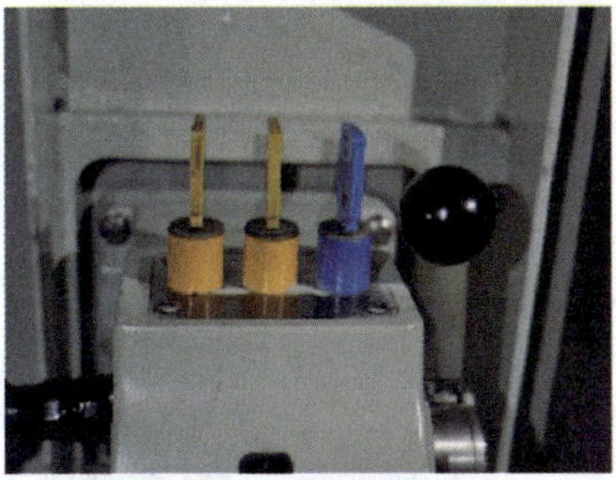

图 1-26　高压接地开关蓝色钥匙垂直状态

c. 侧拉高压接地开关操纵杆并旋转 180°至“运行”位，如图 1-27 所示。

d. 将高压接地开关黄色钥匙顺时针旋转 90°至水平状态拔出，如图 1-28 所示，一把黄色钥匙用于打开车顶天窗锁闭器，如图 1-29 所示；一把黄色钥匙用于打开控制电器柜门锁闭器，如图 1-30 所示。

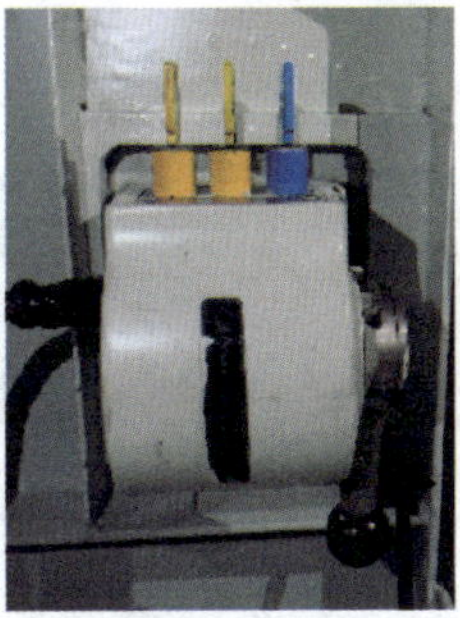

图 1-27　高压接地开关“运行”位 1

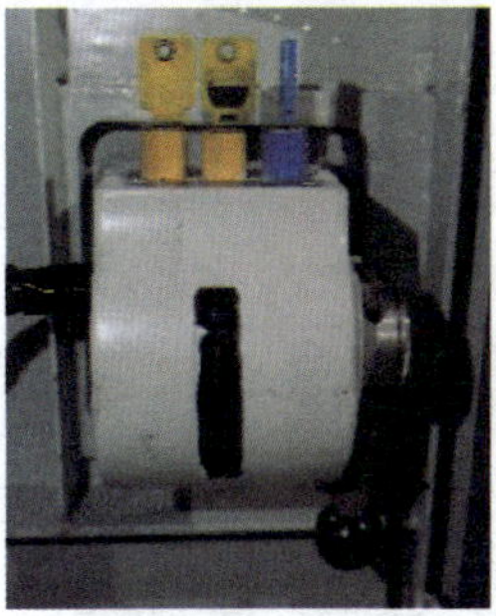

图 1-28　高压接地开关黄色钥匙水平状态

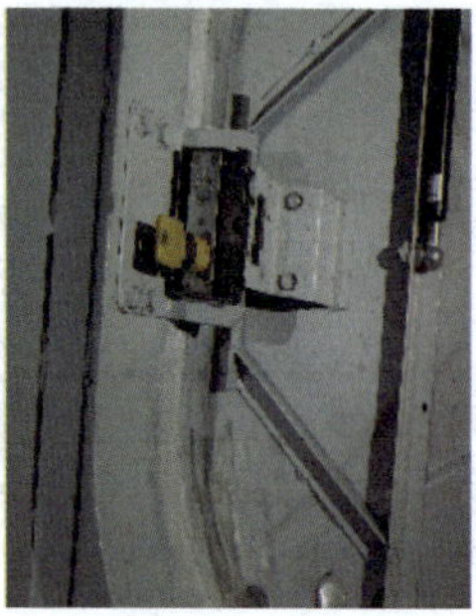

图 1-29　车顶天窗锁闭器

图 1-30　控制电气柜门锁闭器

②由“接地”位恢复至“运行”位

a. 锁好车顶天窗、控制电器柜门，拔出黄色钥匙。

b. 将两把黄色钥匙水平状态插入高压接地开关黄色锁内，逆时针旋转 90°呈垂直状态，如图 1-31 所示。

c. 侧拉高压接地开关操纵杆并旋转 180°至“运行”位，如图 1-32 所示。

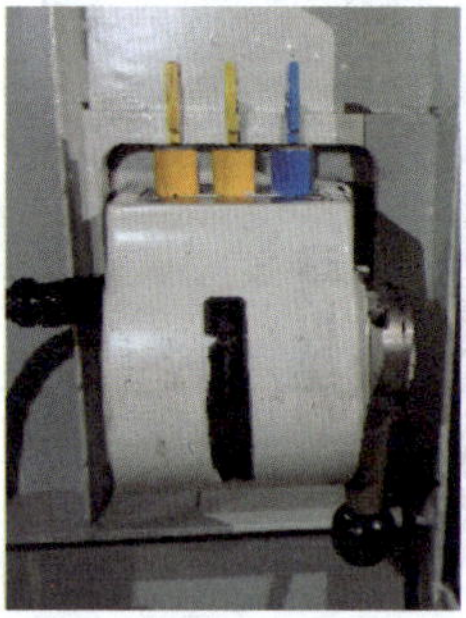

图 1-31　插入黄色锁呈垂直状态

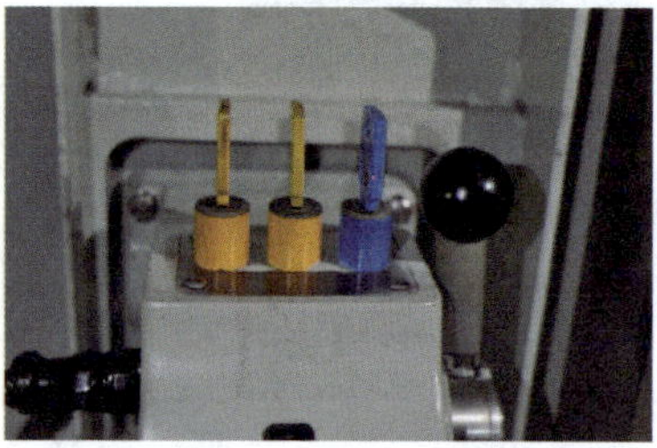

图 1-32　高压接地开关“运行”位 2

d. 将蓝色钥匙逆时针旋转 90°呈水平状态拔出，如图 1-33 所示。

e. 将蓝色钥匙水平插入制动控制柜锁孔，顺时针旋转 90°至受电弓控制塞门“开放”位（垂直状态），如图 1-34 所示。

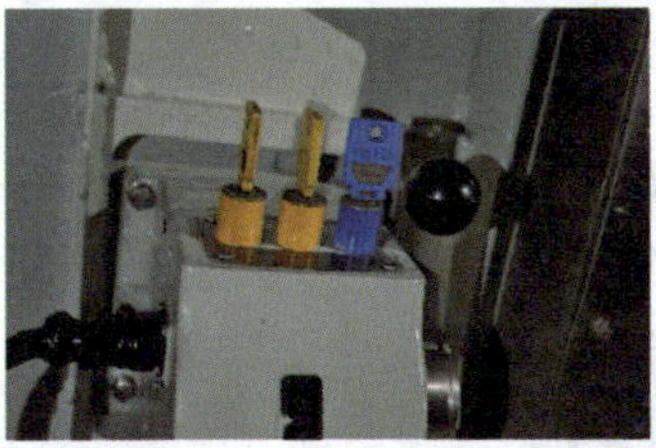

图 1-33　高压接地开关蓝色钥匙水平状态

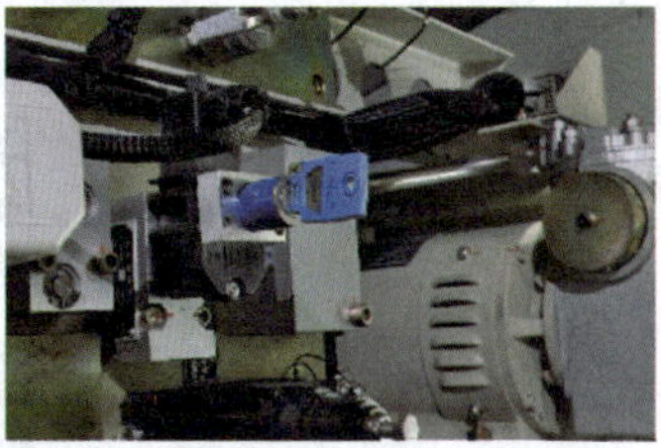

图 1-34　受电弓控制塞门“开放”位

（4）注意事项

高压接地开关置“接地”位后，微机显示屏“主断信息栏”显示“接地开关触点未闭合”，当主断路器再次闭合后，该信息才能消失。

8. 充电单元选择开关 SW

240 号以后机车：

（1）设置位置

设置在机械室蓄电池充电器左侧面，如图 1-35 所示。

图 1-35　充电单元选择开关设置位置

（2）作用位置

设有“单元1”“关”“自动”“关”“单元2”位五个位置，如图1-36所示。

图1-36　充电单元的五个位置

控制电源充电装置设有“单元1”“单元2”两组，正常情况下，一组使用，另一组备用。

正常情况下，充电单元选择开关SW置“自动”位，控制电源充电装置的工作状态由微机控制系统控制。单（奇）数日，充电单元1工作；双（偶）数日，充电单元2工作。若正在工作的充电装置故障，微机控制系统会自动将其切除，并使备用的另一组充电装置投入工作。

运行途中，若控制电源充电装置单元1故障，而微机无法自动进行切换或人为需要选择单元2时，才将充电单元选择开关置“单元2”位，如图1-37所示；若控制电源充电装置单元2故障，而微机无法自动进行切换或人为需要选择单元1工作时，才将充电单元选择开关置“单元1”位，如图1-38所示。

“关”位是充电单元选择开关SW转换时的中间停留位，以保证

SW 无电转换，如图 1-39 所示。

图 1-37　充电单元“单元 2”位

图 1-38　充电单元“单元 1”位

图 1-39　充电单元“关”位

（3）注意事项

①若在单数日，将充电单元选择开关置“单元 2”位，微机显示屏“辅助电源”画面显示的 PSU1 呈红底色；若在双数日，将充电单元选择开关置“单元 1”位，微机显示屏“辅助电源”画面显示的 PSU2 呈红底色。

②将充电单元选择开关 SW 置“单元 1（2）”位时，正在工作的控制电源充电装置故障，其将不能自动转换。故若充电单元选择开关 SW 不在“自动”位，就应随时注意控制电路电压表的显示，防止因控制电源充电装置故障造成蓄电池亏电。

③人工进行充电单元选择开关切换时，应在断开主断路器后进行。

④充电单元选择开关 SW 由“单元 1（2）”位恢复“自动”位后，需断开再闭合控制电器柜“蓄电池”自动开关 QA61，才能使控制电源充电装置恢复到由微机控制系统自动控制。

9. 自动降弓装置 ADD

自动降弓装置主要由主断控制器、快速降弓阀、ADD 试验阀、ADD 关闭阀组成，每台受电弓设有一套。

（1）主断控制器

①设置位置

设置在机械室司机侧邻近变流器的侧墙上，如图 1-40 所示。

图 1-40　自动降弓装置设置位置

②作用位置

设有“运用”（“1”）、“停用”（“0”）位两个位置。正常情况下主断控制器置“运用”（“1”）位；当自动降弓装置故障或误动作时，才将其转至“停用”（“0”）位。放“停用”（“0”）位，并未完全切除自动降弓装置，仅切除了自动降弓时的断开主断路器、切断受电弓风路及语音提示功能。若遇刮弓等原因造成滑板腔风压泄漏后，受电弓仍能自动降下。

③测试按钮

当受电弓升起后，需要试验自动降弓装置作用是否良好或运行途中遇特殊情况需要立即降下受电弓时，可采取按下主断控制器测试按钮的方法，以使受电弓迅速降下，主断控制器测试按钮如图 1-41 所示。

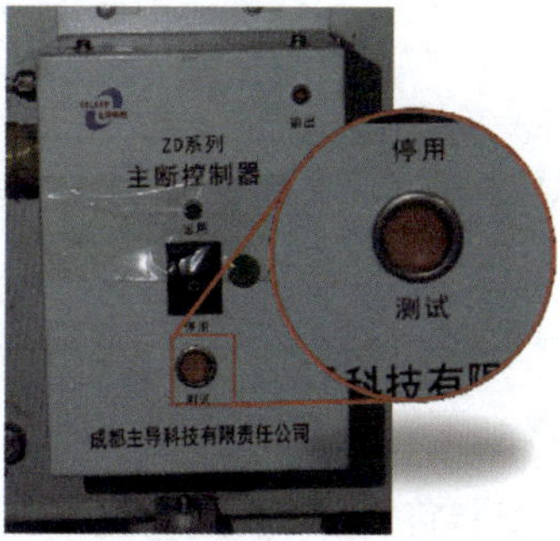

图 1-41　主断控制器测试按钮

（2）快速降弓阀

①设置位置

设置在车顶受电弓的底架上，如图 1-42 所示。

图 1-42　快速降弓阀设置位置

②作用状态

分为“准备”“动作”两种状态。只要受电弓升起，该阀就处于“准备”状态；当发生弓网事故、滑板断裂或磨耗到限时，该阀立即进入“动作”状态，迅速排出受电弓气囊风压，使受电弓迅速降下，避免接触网和受电弓进一步损坏。

（3）ADD 试验阀

①设置位置

设置在车顶受电弓的底架上。

②作用位置

设有“工作”“试验”位两个位置。正常情况下，ADD 试验阀置“工作”位，如图 1-43 所示；当需要试验自动降弓装置性能时，在受电弓升起的情况下，才能将 ADD 试验阀置“试验”位，如图 1-44 所示。

图 1-43　ADD 试验阀“工作”位

图 1-44　ADD 试验阀“试验”位

③注意事项

受电弓专检人员在车顶检查时，不得随意将 ADD 试验阀置“试验”位，只有在检查自动降弓装置作用是否良好时，才能进行试验，且试验时，应采取适当方法、措施，以防止测试人员被受电弓砸伤。

（4）ADD 关闭阀

①设置位置

设置在车顶受电弓的底架上。

②作用位置

设有“开”“关”位两个位置。正常情况下，ADD 关闭阀置“开”位，如图 1-45 所示；当需彻底切除自动降弓装置，暂时维持该台受电弓工作时，才能将 ADD 关闭阀置“关”位，如图 1-46 所示。

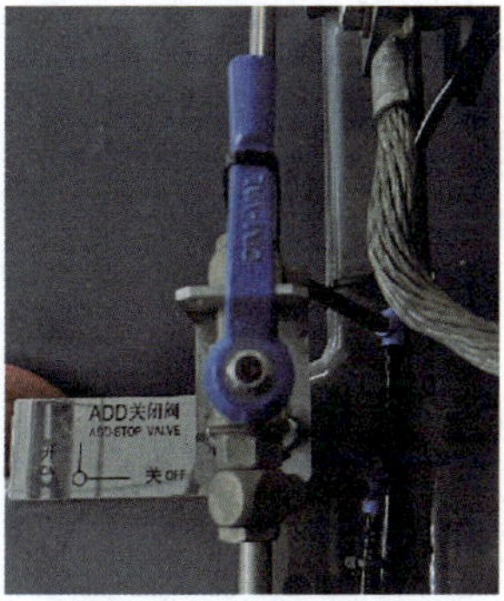

图 1-45　ADD 关闭阀“开”位

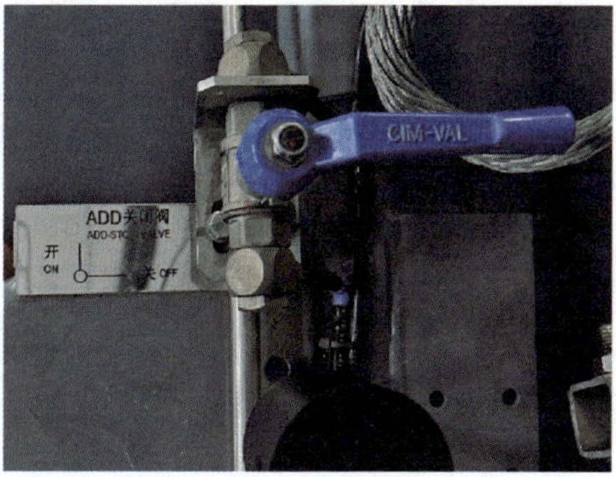

图 1-46　ADD 关闭阀“关”位

③注意事项

当 ADD 关闭阀置“关”位，自动降弓装置就失去了保护作用。故在切除自动降弓装置维持运行时，就应随时注意弓网状态，若发现弓网关系异常时，应立即采取人为降弓措施，以防事故进一步扩大。

（5）切除某台受电弓自动降弓装置的方法

将该台受电弓的主断控制器置“停用”位，并关闭该主断控制器上方小塞门。

10. 弹停（停放制动）转换开关 SA99、SA100

（1）设置位置

设置在司机台右下部，如图 1-47 所示。

（2）作用位置

设有“制动”“0”“缓解”位三个位置，其为自复式开关，如图 1-48 所示。

图 1-47　弹停（停放制动）转换开关设置位置

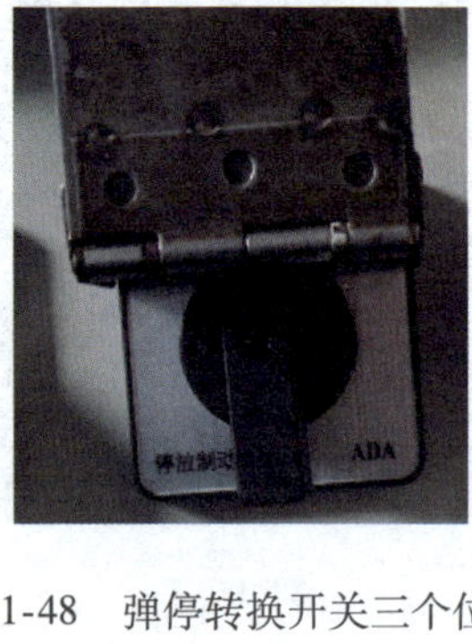

图 1-48　弹停转换开关三个位置

正常运行时，弹停转换开关在“0”位，机车弹停装置处在缓解状态；当机车需长时间停留或对机车进行整备时，为了防止机车发生溜逸，才将弹停转换开关置“制动”位，如图 1-49 所示，待弹停装置处在制动状态后，再松开弹停转换开关，使其自动恢复到“0”位；当机车需要恢复运行或缓解弹停制动时，则将弹停转换开关置“缓解”位，如图 1-50 所示，待弹停装置处在缓解状态后，再松开弹停转换开关，使其自动恢复到“0”位。

图 1-49　弹停转换开关“制动”位

图 1-50　弹停转换开关“缓解”位

（3）注意事项

①当控制电路供电正常、弹停风缸有风的情况下，才能利用弹停转换开关进行弹停缓解。

②弹停转换开关在“0”位，若未以其他方式对弹停装置进行操作，弹停装置就保持转换开关回“0”位前的状态。如：在机车运行前，将弹停转换开关置“缓解”位，待弹停装置处在缓解状态后，再松开弹停转换开关，使其自动恢复到“0”位，此后，若不再人为进行弹停装置的转换操作，弹停装置就一直保持在缓解状态。

③机车制动缸风压对弹停制动的影响：

a. 机车制动缸风压在 300 kPa 以下时，其对通过弹停转换开关来实施弹停制动的作用无影响。

b. 一般情况下，若已实施弹停制动，当机车制动缸风压超过 350 kPa 时，弹停制动即有可能自动缓解，当机车制动缸风压再次低于 300 kPa 时，弹停装置重新制动。

c. 一般情况下，若未实施弹停制动且机车制动缸风压已超过 350 kPa 时，再将弹停转换开关置“制动”位，弹停装置可能暂时无法处于弹停制动状态。

④验证弹停装置处在制动状态的方法：

司机室：状态指示屏“停车制动”红灯亮。

车下：机车外侧弹停装置指示器显示“红色”；机车空气制动在缓解状态下，1、6 轴制动闸片紧贴制动盘。

⑤验证弹停装置处在缓解状态的方法：

司机室：状态指示屏“停车制动”红灯灭。

车下：机车外侧弹停装置指示器显示“绿色”；机车空气制动在缓解状态下，1、6 轴制动闸片离开制动盘（也可用手推或脚蹬弹停制动缸，其有明显摆动感）。

11. 主变流器试验开关 SA75

（1）设置位置

设置在控制电器柜中部，如图 1-51 所示。

图 1-51　主变流器试验开关设置位置

（2）作用位置

设有“试验”“0”“外部电源”位三个位置，如图 1-52 所示。正常情况下，主变流器试验开关 SA75 置“0”位；当机车主断路器不具备闭合条件，需要通过微机控制系统对机车主变流器控制单元进行检测，并在微机显示屏上进行显示或在进行低压试验时，才将主变流器试验开关 SA75 置“试验”位，如图 1-53 所示。

图 1-52　SA75 三个位置

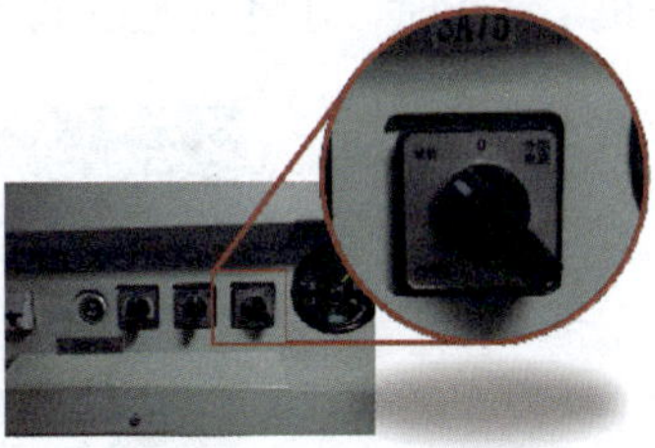

图 1-53　SA75 置“试验”位

12. 主电路库用转换开关 QS3、QS4

（1）设置位置

设置在控制电器柜右下部，如图 1-54 所示。

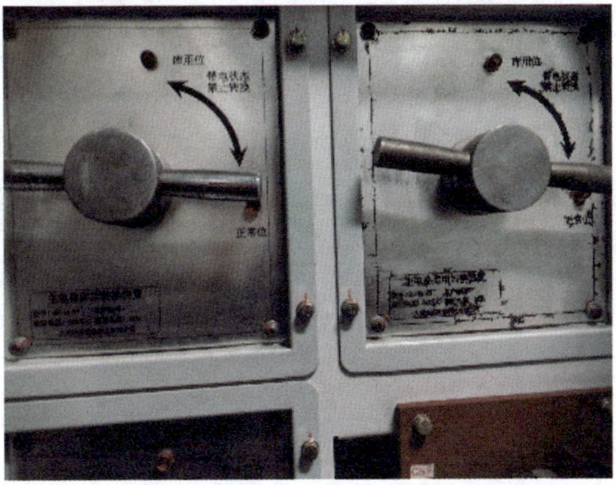

图 1-54　主电路库用转换开关设置位置

（2）作用位置

设有“运行”“库用”位两个位置。正常情况下主电路库用转换开关 QS3、QS4 置“运行”位，如图 1-55、图 1-56 所示；当机车在库内引车机组动车时，才将主电路库用转换开关 QS3、QS4 转至“库用”位。

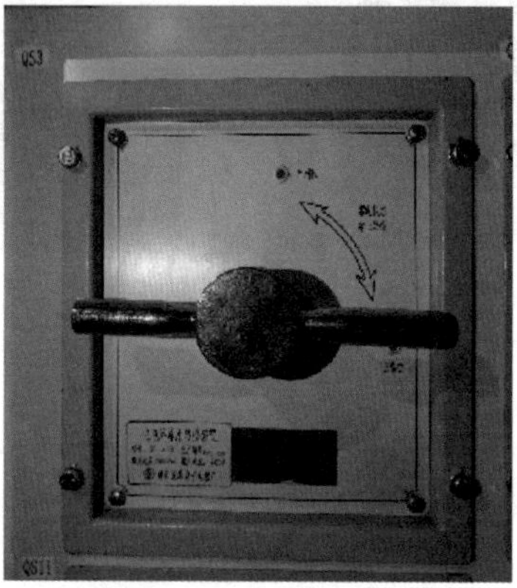

图 1-55　主电路库用转换开关 QS3

图 1-56　主电路库用转换开关 QS4

13. 辅助电路库用转换开关 QS11

（1）设置位置

设置在控制电器柜中下方，如图 1-57 所示。

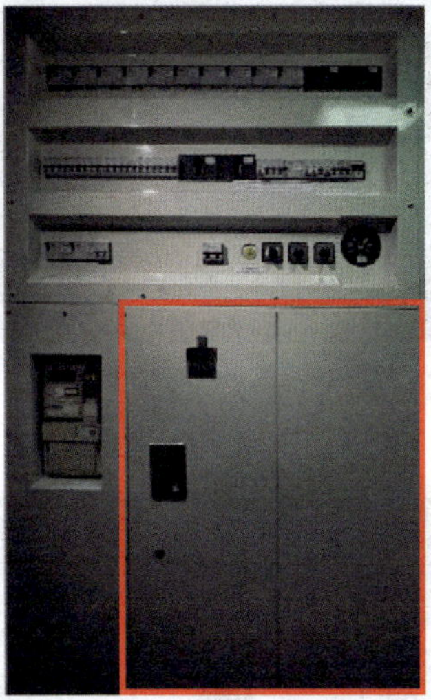

图 1-57　辅助电路库内转换开关设置位置

（2）作用位置

设有“运行”“库用”位两个位置。正常情况下辅助电路库用转换开关 QS11 置“运行”位，如图 1-58 所示；当机车在库内利用地面电源使辅助电路的电器投入工作时，才将辅助电路库用转换开关 QS11 转至“库用”位，如图 1-59 所示。

图 1-58　QS11“运行”位

图 1-59　QS11“库用”位

第二章
按　　钮

1. 复位按钮 SB61、SB62

（1）设置位置

设在司机操纵台上，制动显示屏前，如图 2-1 所示。

图 2-1　复位按钮设置位置

（2）使用时机

当机车出现以下故障，经检查、处理后，需要其恢复至正常运行状态时，可利用司机台复位按钮进行复位。

①机车发生主断路器自动断开，状态指示屏有故障显示，微机显示屏故障信息显示区显示或故障履历记录："主接地""牵引电机过流""牵引绕组过流""中间回路过电压""整流故障""二次过电流""逆变故障""相电流不均衡""主变流器控制电源电压下降"等主电路相关故障时。

②机车发生主断路器自动断开，状态指示屏有故障显示，微机显示屏故障信息显示区显示或故障履历记录："辅变流器输入过流""辅助回路过载""辅助回路接地""辅变流器中间回路过电压"等故障时。

③微机显示屏故障信息显示区显示或故障履历记录："冷却器高温"时。

④微机显示屏故障信息显示区显示或故障履历记录："微机故障"时。

⑤微机显示屏故障信息显示区显示或故障履历记录："接触器黏着"时。

⑥微机显示屏故障信息显示区显示或故障履历记录："油泵油流不良"时。

⑦恢复被封锁的主、辅变流器时。

(3) 复位方法

司机控制器调速手柄回"0"位，按下司机台复位按钮 1 s 后松开。

2. 紧急停车按钮 SA103、SA104

(1) 设置位置

设置在司机台正前方的多功能状态组合模块上，如图 2-2 所示。

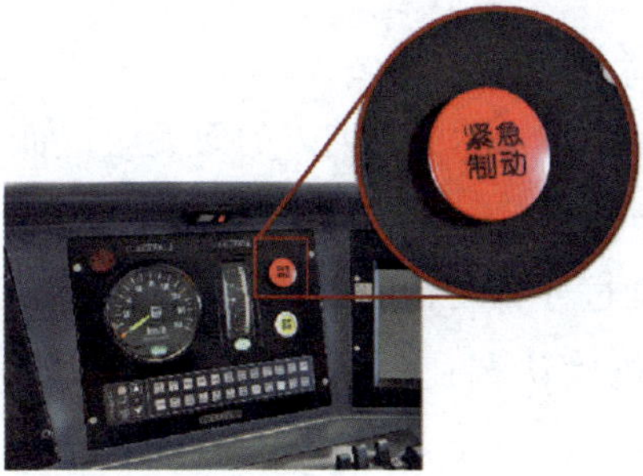

图 2-2　紧急停车按钮设置位置

(2) 使用时机

遇下列情况应立即按下紧急停车按钮：

①运行途中，制动机故障需要立即停车时。

②主断路器扳键开关故障无法使主断路器断开时。

③运行途中，遇在分相绝缘器前等特殊情况，微机故障使机车无法停止牵引、断开主断路器时。

④运行途中，遇危及行车、人身安全等情况需要紧急停车时。

（3）紧急停车按钮恢复

按下紧急停车按钮后，应立即将大闸手柄置“紧急”位，待列车停车后，顺时针旋转（或再按一下）紧急停车按钮，其就会自动弹出而恢复，待紧急停车原因处理完毕，需要恢复运行时，再将大闸手柄置“运转”位。

（4）注意事项

按下紧急停车按钮，若未进行降弓操作，待恢复紧急停车按钮后，主断路器将会自动闭合，辅变流器 2 及所供电辅机也随之启动。

3. 过分相按钮 SB67、SB68

（1）设置位置

设置在司机台微机显示屏右前方的面板上，如图 2-3 所示。

（2）使用时机

已启用半自动过分相装置的区段，当机车运行到分相绝缘器前的规定地点，司机确认调速手柄回“0”位后，按压过分相按钮一次。

（3）作用过程

司机按下过分相按钮后，微机控制系统立即使主变流器停止工作、断开主断路器。当机车通过了分相绝缘器，接触网电压恢复正常并延迟一定时间后，主断路器自动闭合，随即自动启动辅助变流器，使机车自动恢复到过分相绝缘器前的状态。

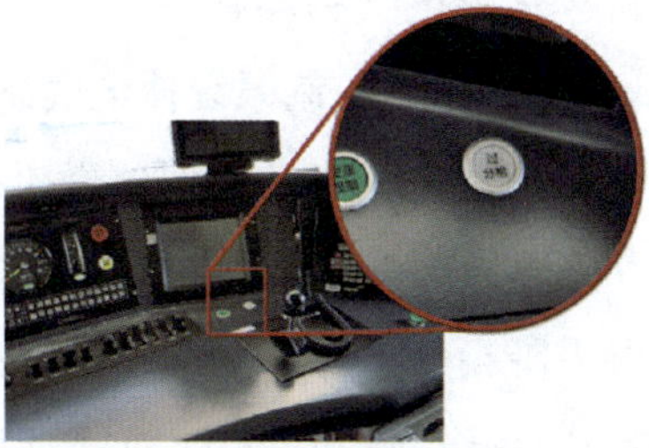

图 2-3 过分相按钮设置位置

4. 定速按钮 SB69、SB70

（1）设置位置

设置在司机台微机显示屏正前方的面板上，如图 2-4 所示。

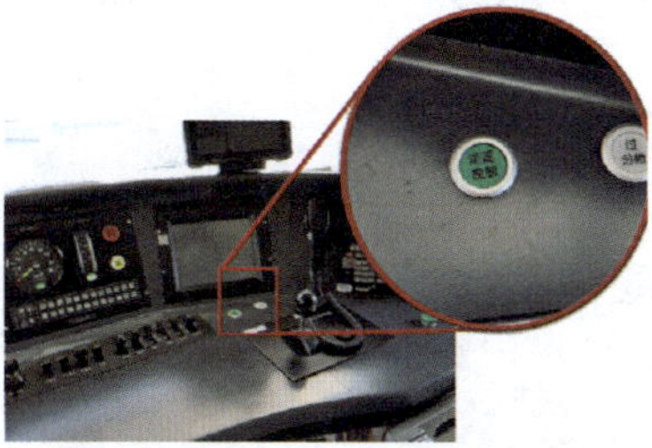

图 2-4 定速按钮设置位置

（2）使用时机

当机车速度大于或等于 15 km/h 且机车未实施空气制动，而需要维持机车在当前速度（目标速度）运行时，则按下定速按钮一次。

（3）作用过程

按下定速按钮后，即设定了目标速度，此后，微机控制系统则按目标速度控制机车。当机车实际速度高于“目标速度 +2 km/h”时，微机控制系统控制机车进入电气制动状态；当机车实际速度降低到“目标速度 +1 km/h”时，微机控制系统使电气制动力降至0。当机车实际速度低于“目标速度 -2 km/h”时，微机控制系统控制机车进入牵引状态；当机车实际速度升高到“目标速度 -1 km/h”时，微机控制系统使牵引力降至0。这样，就实现了机车速度在“目标速度 ±2 km/h”范围内变化，达到了定速的目的。

（4）解除定速控制

机车在定速控制状态，只要移动司机控制器调速手柄，使其级位变化超过1级或有主变流器单元故障后，机车定速控制即可自动解除。

5. 警惕按钮 SB96、SB97，警惕开关 SA101、SA102

（1）设置位置

警惕按钮设在调速手柄上（后期机车改设在司机操纵台上，制动显示屏前）；警惕开关设在司机台下方，为脚踩开关，如图2-5、图2-6、图2-7所示。

图2-5　制动显示屏前无人警惕按钮

图 2-6 调速手柄上无人警惕按钮

图 2-7 脚踩无人警惕按钮

（2）使用时机

当机车电钥匙置“合”位速度大于或等于 30 km/h，且未实施紧急制动的情况下：

①与前次按压警惕按钮或踩警惕开关间隔时间未超过 1 min。

②与前次按压警惕按钮或踩警惕开关间隔时间已超过 1 min，警惕装置已进入报警状态，蜂鸣器响未超过 10 s。

按压警惕按钮或踩下警惕开关后，警惕装置即解除正在实施的监视状态，而使警惕装置重新进入下一个监视状态。

（3）警惕装置保护动作

当机车电钥匙置“合”位速度大于或等于 30 km/h，且未实施紧急制动时，机车警惕装置进入监视状态，此时，在 1 min 内，司机应按压警惕按钮或踩下警惕开关，使警惕装置解除正在实施的监视状态，而重新进入下一个监视状态。若在 1 min 内未按压警惕按钮或踩下警惕开关，警惕装置进入报警状态，蜂鸣器响，再延迟 10 s，若仍未按压警惕按钮或踩下警惕开关，则警惕装置保护动作，使机车进入紧急制动状态。

（4）按压警惕按钮或踩下警惕开关的持续时间

大于 1 s 而小于 10 s。

（5）试验警惕按钮、警惕开关

在微机显示屏“牵引/制动”画面点击【检修状态】→输入密码“000”→点击【确认】【状态】【信号信息】→进入“信号信息”画面→点击【DI2】→进入“DI2”画面第一页，查看 521 线。若按下警惕按钮或踩下警惕开关，521 线底色变绿，松开按钮或开关后底色变为黑色，则表明警惕按钮或警惕开关作用良好。否则，则说明警惕按钮或警惕开关故障。

（6）确定警惕装置动作

机车产生紧急制动且微机显示屏“故障履历”画面提示“警惕动作”时，即可确定警惕装置动作。

（7）警惕装置相关知识

①警惕装置的设计原理

当机车电钥匙置“合”位速度大于或等于 30 km/h，且未实施紧急制动时，HXD3 型电力机车警惕装置进入监视状态，此时每 1 min 内，司机应按压警惕按钮 SB96（SB97）或脚踩警惕开关 SA101（SA102）1 次，使警惕装置重新进入监视状态，否则超过 1 min，警惕装置即进入报警状态，蜂鸣器响，再延迟 10 s，如果司机仍未按压警惕按钮 SB96（SB97）或脚踩警惕开关 SA101（SA102），则警惕装置动作，发出紧急制动指令，使列车紧急停车。

②设置警惕装置目的

a. 提醒司机集中精力开车，防止意外情况发生，确保行车安全。

b. 当值乘的机车乘务员突发疾病时，能够确保列车安全停车。

③警惕装置计时、复位、报警、动作及解除条件

计时开始条件：机车电钥匙置“合”位（501 线或 601 线得电）且实时速度≥30 km/h。

计时复位条件：按压警惕按钮或脚踩警惕开关，即 521 线得电一次。

报警的条件：计时开始后 60 s 内，未按压警惕按钮或脚踩警惕开关（521 线不得电）且实时速度≥30 km/h。

警惕装置动作条件：计时满 60 s 后的 10 s 内未按压警惕按钮或脚踩警惕开关（521 线不得电）。

警惕装置动作后的解除条件：列车速度 <5 km/h 或机车电钥匙置“0”位（501 线、601 线失电）。

④HXD_3 型电力机车在运用过程中，易发生速度 30 km/h 以下微机控制系统未报警而警惕装置动作：

HXD_3 型电力机车在运用过程中，易发生速度 30 km/h 以下微机控制系统未报警而警惕装置动作的现象，这是因为 HXD_3 型电力机车的警惕装置开始计时进入监视状态的速度为上一次按压警惕按钮或脚踩警惕开关时的机车实时速度。微机控制系统报警判断条件中的速度为计时满 60 s 时的机车实时速度。当机车警惕装置进入监视状态时，微机控制系统开始计时，计时满 60 s 时，如机车实时速度低于 30 km/h，则微机控制系统不报警，但延时 10 s 后警惕装置仍会动作，产生紧急制动。

从上述可以看出，机车速度低于 30 km/h 警惕装置动作而微机控制系统不报警，产生紧急制动的原因：当机车速度≥30 km/h、司机按压警惕按钮或脚踩警惕开关后，警惕装置就进入监视状态开始

计时，若在计时 60 s 过程中，机车速度减至 30 km/h 以下，此时，微机控制系统将不再报警，若乘务员未再按压警惕按钮或脚踩警惕开关来解除警惕装置正在进行的监视状态，就会造成警惕装置动作，列车紧急停车。

⑤为防止 HXD$_3$ 型电力机车速度 30 km/h 以下微机控制系统未报警而警惕装置动作的现象，警惕装置操作注意事项：

a. 当列车处于减速运行状态且速度接近或等于 30 km/h 时，机车乘务员应特别注意对警惕装置的操作。

b. 当列车速度减至 30 km/h 以下时，仍应按压警惕按钮或脚踩警惕开关一次，以复位 60 s 计时，解除警惕装置监视作用，避免出现列车速度在 30 km/h 以下，微机控制系统未报警而警惕装置动作的现象。

6. 辅助压缩机启动按钮 SB95

（1）设置位置

设置在控制电器柜中部，如图 2-8 所示。

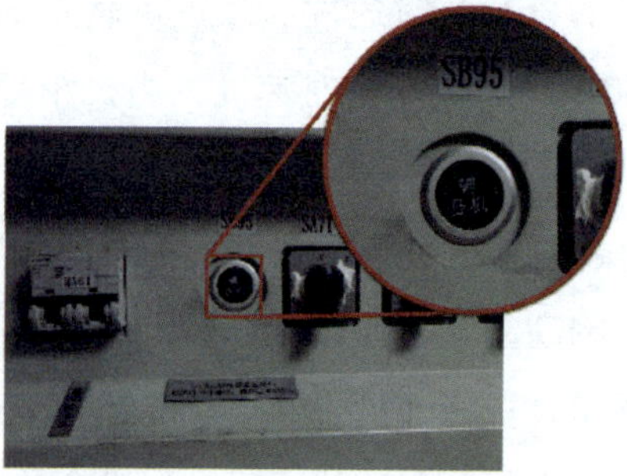

图 2-8　辅助压缩机启动按钮设置位置

（2）使用时机

遇下列情况，应按下辅助压缩机启动按钮一次，以启动辅助压缩机，来提高控制风路风压。

①当总风缸、控制风缸风压均低于600 kPa，需要升起受电弓或使主断路器闭合时。

②利用辅助压缩机泵风提供的风压升高、闭合主断路器，启动压缩机后，在总风缸风压未达到650 kPa而控制风路风压低于500 kPa时。

（3）注意事项

①辅助压缩机泵风时，只要控制风路风压达到735 kPa，辅助压缩机就会自动停止工作。

②辅助压缩机电机不宜长时间工作或频繁启机。若其工作10 min还没停机，就应断开控制电器柜“机车控制”自动开关QA45、“辅助设备”自动开关QA51，且间隔30 min才能再行启动。

③利用辅助压缩机泵风后升弓，在主压缩机工作期间，应随时注意控制风路风压，当其风压低于500 kPa时，就应及时启动辅助压缩机进行泵风，以防受电弓自动降落及弓网关系异常引起的弓、网烧损。

7. 自动降弓装置测试按钮

（1）设置位置

全车设有两台受电弓，每台受电弓设有独立的自动降弓装置，故全车共设有两套自动降弓装置，有两个自动降弓装置测试按钮。其分别设置在机械室司机侧邻近变流柜侧墙的主断控制器上，如图2-9所示。

（2）使用时机

在受电弓升起后，遇需试验自动降弓装置作用是否良好或在运行途中遇特殊情况，需要立即降下受电弓时，则采取按下所升受电弓对应的自动降弓装置测试按钮的方法，以使受电弓迅速降下。

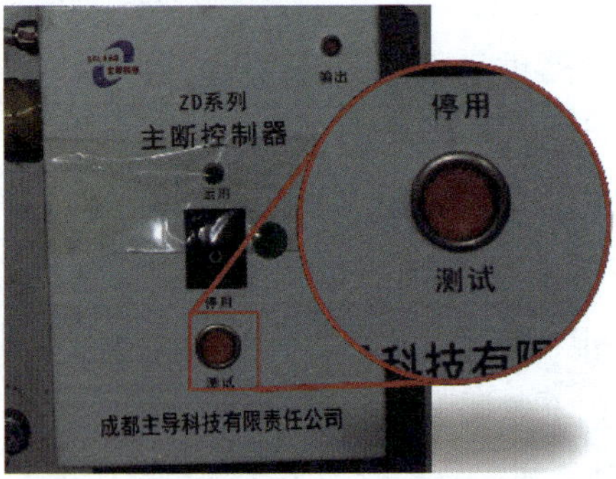

图 2-9　自动降弓装置测试按钮设置位置

（3）注意事项

按下自动降弓装置测试按钮，在自动降弓的同时主断路器也将随之断开。

8. 弹停缓解手动按钮

（1）设置位置

设置在制动控制柜弹停装置模块上（左侧），如图 2-10 所示。

（2）使用时机

在机车弹停控制回路无电，但弹停风缸有足够风压的情况下，需要实施弹停缓解时。

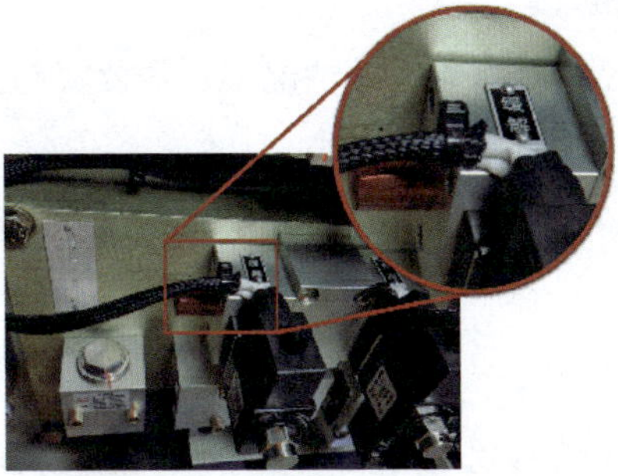

图 2-10 弹停缓解手动按钮设置位置

（3）操作方法

①对通过关闭弹停塞门来实施弹停制动的机车，在实施弹停缓解前，应先开放弹停塞门。

②按压弹停缓解手动按钮，待机车实施弹停缓解后，松开即可。

9. 弹停制动手动按钮

（1）设置位置

设置在制动控制柜弹停装置模块上（右侧），如图 2-11 所示。

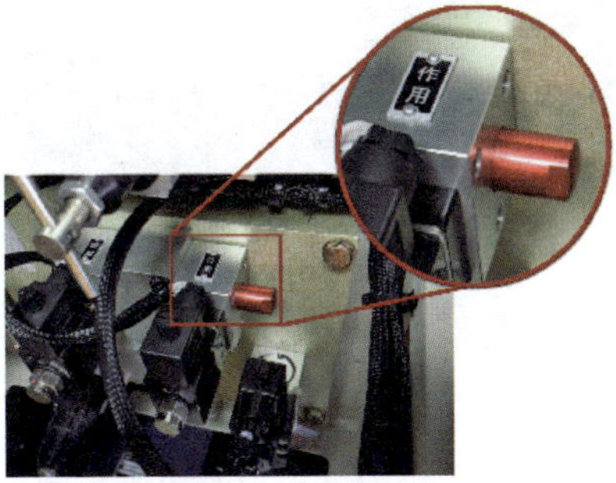

图 2-11 弹停制动手动按钮设置位置

（2）使用时机

在机车弹停控制回路无电的情况下，需要实施弹停制动时。

（3）操作方法

按压弹停制动（作用）手动按钮，待机车实施弹停制动后，松开即可。

（4）注意事项

当机车制动缸风压超过 300 kPa 时，就应考虑其对弹停制动的影响。

第三章

自动开关断开现象

视频

3-1 单相自动开关

一、单相自动开关

1. “网侧电压”自动开关 QA1 断开

（1）主断路器断开。

（2）状态指示屏“欠压”灯亮。

（3）微机显示屏故障信息显示区显示“接触网电压过低”，原边电压显示为 0。

（4）故障履历记录“接触网低电压”。其现象与接触网失电极其相似，但通过降弓拉弧可将其与接触网失电区分开来。

2. “微机控制 1”自动开关 QA41 断开

（1）Ⅰ端操纵

①状态指示屏“微机正常”灯灭。

②微机显示屏黑屏。

③辅助机组工作正常，牵引电机有扭矩输出。

④因微机显示屏黑屏故无履历记录。

（2）Ⅱ端操纵

①状态指示屏“微机正常”灯灭。

②微机显示屏故障信息显示区显示“微机控制柜故障（单系统运行）”。

③辅助机组工作正常，牵引时，牵引电机有扭矩输出。

④故障履历记录“TCMS1 故障”。

（3）说　　明

①在Ⅰ端操纵，恢复断开的“微机控制 1”自动开关时，必须断电、降弓，且恢复时会引起制动显示屏失电后再得电重启，出现惩罚制动。

②在Ⅱ端操纵，将断开的“微机控制 1”自动开关恢复主闭合位后，微机显示屏“微机控制柜故障”信息不消除，但不影响正常运行；约 15 s，主断路器自动断开。

3. “微机控制 2”自动开关 QA42 断开

（1）Ⅰ端操纵

①状态指示屏“微机正常”灯灭。

②微机显示屏故障信息显示区显示“微机控制柜故障（单系统运行)”。

③辅助机组工作正常，牵引时，牵引电机有扭矩输出。

④故障履历记录“TCMS2 系故障”。

（2）Ⅱ端操纵

①状态指示屏“微机正常”灯灭。

②微机显示屏黑屏。

③辅助机组工作正常，牵引电机有扭矩输出。

（3）说　　明

①在Ⅱ端操纵，恢复断开的“微机控制 2”自动开关时，必须断电、降弓，且恢复时会引起制动显示屏失电后再得电重启，出现惩罚制动。

②在Ⅰ端操纵，将断开的“微机控制 2”自动开关恢复主闭合位后，微机显示屏“微机控制柜故障”信息不消除，状态指示屏“微机正常”灯不亮，但不影响正常运行；约 15 s，主断路器自动断开。

4. “司机控制 1”自动开关 QA43 断开

（1） Ⅰ端操纵

①断电、降弓。

②状态指示屏全部灭灯。

③辅机全部停止工作。

④制动显示屏黑屏，引起惩罚制动。

（2） Ⅱ端操纵

无影响。

5. “司机控制 2”自动开关 QA44 断开

（1） Ⅰ端操纵

无影响。

（2） Ⅱ端操纵

①断电、降弓。

②状态指示屏全部灭灯。

③辅机全部停止工作。

④制动显示屏黑屏，引起惩罚制动。

6. “机车控制”自动开关 QA45 断开

（1）断电、降弓。

（2）状态指示屏全部灭灯。

（3）微机显示屏故障信息显示区显示“所有辅机故障”。

（4）制动显示屏黑屏，引起惩罚制动。

（5）故障履历记录“受电弓、辅机全部故障”。

7. “主变流器”自动开关 QA46 断开

（1）断电，未降弓，但微机显示屏“牵引/制动”画面原边电压显示为 0，车内有异音（像接触器或继电器的断开、闭合声音）。

（2）状态指示屏“主变流器”灯亮。

（3）微机显示屏故障信息显示区显示“水泵 1 故障”“水泵 2 故障”“主变流器 CI1 ~ CI6 故障”。

（4）故障履历记录“CI1 ~ CI6 电源停止”“CI2、CI4 水泵故障”“CI2、CI4 电源下降 100”“CI1 ~ CI6 传送异常”。

说明：若微机显示屏故障信息显示区伴有“辅变流器 APU1、APU2 故障”时，在闭合“主变流器”自动开关时，可断开再闭合“辅变流器”自动开关即可将其消除。

8. “辅变流器”自动开关 QA47 断开

（1）状态指示屏“辅变流器”灯亮。

（2）辅变流器、辅机全部停止。

（3）微机显示屏故障信息显示区显示“辅变流器 APU2 故障”“辅变流器 APU1 故障”。

（4）故障履历记录“APU1、APU2 不动，频率异常，电压不确定，传送异常”“DC 110 V 运转停止”。

9. “辅助设备”自动开关 QA51 断开

其控制的“刷雨器”“遮阳帘”“司机室风扇”“冰箱”“辅助压缩机”均无法工作。

10. “电空制动”自动开关 QA55 断开

（1）状态指示屏“制动故障”灯亮。

（2）微机显示屏故障信息显示区显示“制动机故障”。

（3）制动显示屏黑屏。

（4）列车管减压至 80 kPa。

11. “控制电路接地”自动开关 QA59 断开

状态指示屏“控制接地”灯亮。

12. “自动过分相”自动开关 QA71 断开

（1）微机显示屏故障信息显示区显示“自动过分相故障”。

（2）故障履历记录“自动过分相故障”。

（3）自动过分相信号处理器“工作”“正常”指示灯灭。

13. “充电装置”自动开关 QA106 断开

（1）微机显示屏故障信息显示区显示“DC 110 V 运转停止”。

（2）控制电路电压下降，蓄电池不充电。

（3）故障履历记录“DC 110 V 运转停止”。

（4）蓄电池状态监测仪黑屏。

（5）进入微机显示屏“辅助电源”画面，DC 110 V 充电装置一组停止工作（底色为黑色），一组故障（底色为红色）。

说明：恢复充电装置自动开关后，蓄电池状态监测仪恢复正常显示，DC 110 V 充电装置转另一组工作。

14. “空调控制”1（2）自动开关 QA104（QA105）断开

无任何显示，但空调开关失去控制作用，空调无法工作。

二、三相自动开关

视频

3-2 三相自动开关

1. “牵引风机 1”三相自动开关 QA11 断开

（1）状态指示屏“牵引风机”灯亮。

（2）微机显示屏故障信息显示区显示“牵引风机 1 故障”。

（3）牵引电机 1 无扭矩输出。

（4）故障履历记录“牵引风机 M1 故障”“风机 M1 通风不良”。

（5）进入微机显示屏“开关状态”画面第二页，QA11 底色变为黑色。

说明：其他牵引风机自动开关断开时的现象与牵引风机 1 三相自动开关断开时的现象相似。

2. “冷却风机 1”三相自动开关 QA17 断开

（1）状态指示屏“冷却风机”灯亮。

（2）微机显示屏故障信息显示区显示“复合冷却器风机 1 故障”。

（3）牵引电机 1、2、3 暂时有扭矩输出。

（4）故障履历记录“冷却风机故障 1”。

（5）进入微机显示屏“开关状态”画面第二页，QA17 底色变为黑色。

说明：冷却风机 2 三相自动开关断开时的现象与冷却风机 1 三相自动开关断开时的现象相似。

3.“压缩机 1”三相自动开关 QA19 断开

（1）状态指示屏“压缩机”灯亮。

（2）微机显示屏故障信息显示区显示“空气压缩机 1 故障”。

（3）故障履历记录“压缩机 M19 故障”。

（4）“进入微机显示屏”开关状态“画面第二页，QA19 底色变为黑色。

说明：压缩机 2 三相自动开关断开时的现象与压缩机 1 三相自动开关断开时的现象相似。

4.“油泵 1”三相自动开关 QA21 断开

（1）状态指示屏“油泵”灯亮。

（2）微机显示屏故障信息显示区显示“油泵 1 故障”。

（3）牵引电机 1、2、3 暂时有扭矩输出。

（4）故障履历记录“油泵 MA21 故障”。

（5）进入微机显示屏“开关状态”画面第二页，QA21 底色变为黑色。

说明：油泵 2 三相自动开关断开时的现象与油泵 1 三相自动开关断开时的现象相似。

5. “水泵 1”三相自动开关断开（Ⅰ端变流器上，小门内右侧开关）

（1）状态指示屏“水泵”“主变流器”灯亮。

（2）微机显示屏故障信息显示区显示“水泵 1 故障”“主变流器 CI1 ~ CI3 故障”。

（3）牵引电机 1、2、3 无扭矩输出。

（4）故障履历记录“CI1 ~ CI3 水泵故障”“CI1 ~ CI3 水流下降”。

说明：水泵 2 三相自动开关断开时的现象与水泵 1 三相自动开关断开时的现象相似。

6. “辅变流器 1 通风机”三相自动开关断开

（1）状态指示屏“辅助变流器”灯亮。

（2）微机显示屏故障信息显示区显示“辅助变流器 APU1 故障”。

（3）辅变流器自动停止，进行电路转换后再启动。

（4）故障履历记录“APU1 风机故障”“APU1 不动”。

说明：

（1）辅变流器 2 通风机三相自动开关断开时的现象与辅变流器 1 通风机三相自动开关断开时的现象相似。

（2）要恢复辅变流器工作，必须断开再闭合控制电器柜“辅变流器”自动开关 QA47 才行。

7. “空调 1”三相自动开关 QA23 断开

（1）微机显示屏故障信息显示区显示“空调机 1 故障”。

（2）故障履历记录“空调 EV11 故障”。

说明：空调 2 三相自动开关断开时的现象与空调 1 三相自动开关断开时的现象相似。

8. “辅助负载（交流加热）”三相自动开关 QA25 断开

（1）微机显示屏无任何故障显示及记录。

（2）机车所有交流加热装置均失去电源，无法工作。

第四章

操作方法

视频

4-1 利用不同风源升弓的方法

1. 利用不同风源升弓的方法

（1）利用总风缸风压升弓：当总风缸风压高于 650 kPa 时，即可按正常操作方法升弓。

（2）利用控制风缸风压升弓：当总风缸风压低于 650 kPa，但开放控制风缸塞门 U77 后，若控制风路风压高于 650 kPa 时，即可按正常操作方法升弓。

（3）利用辅助压缩机泵风升弓：当总风缸风压低于 650 kPa，开放控制风缸塞门 U77 后，若控制风路风压仍低于 650 kPa，则按一下控制电器柜辅助压缩机启动按钮 SB95，启动辅助压缩机进行泵风，当控制风路风压达到 650 kPa 以上，即可按正常操作方法升弓。

（4）若情况紧急，需要利用辅助压缩机泵风来快速升弓时，可关闭控制风缸塞门 U77，按下控制电器柜辅助压缩机启动按钮 SB95，启动辅助压缩机进行泵风，当辅助压缩机停止泵风后，将受电弓扳键开关置“后（前）受电弓”位，再次按下辅助压缩机启动按钮 SB95，当受电弓升起后即试合主断路器，待主断路器闭合后，立即启动主压缩机进行泵风。但应注意，在主压缩机泵风期间，应随时注意控制风路风压，当其风压低于 500 kPa 时，就应再次启动辅助压缩机进行泵风，以防受电弓自动降落及弓网关系异常引起的弓、网烧损。

2. 实施弹停制动的方法

视频

4-2 实施弹停制动的方法

（1）利用弹停转换开关 SA99（SA100）

①使用时机

在机车弹停控制回路供电正常的情况下，需要实施弹停制动时。

②操作方法

将弹停转换开关 SA99（SA100）置“制动”位，待机车实施弹停制动后，松开转换开关，其自复到“0”位。

③验证已实施弹停制动的方法

a. 司机台状态指示屏“停车制动”红灯亮；

b. 机车外侧弹停装置指示器显示红色；

c. 机车空气制动在缓解状态（机车外侧空气制动指示器显示绿色），手推或脚蹬弹停制动缸无摆动感。

④注意事项

当机车制动缸风压超过 300 kPa 时，就应考虑其对弹停制动的影响。

（2）利用弹停制动手动按钮

①使用时机

在机车弹停控制回路无电的情况下，需要实施弹停制动时。

②操作方法

按压弹停制动（作用）手动按钮，待机车实施弹停制动后，松开手动按钮。

③验证已实施弹停制动的方法

a. 机车外侧弹停装置指示器显示红色；

b. 机车空气制动在缓解状态（机车外侧空气制动指示器显示绿色），手推或脚蹬弹停制动缸无摆动感。

④注意事项

当机车制动缸风压超过 300 kPa 时，就应考虑其对弹停制动的影响。

（3）利用弹停塞门

①使用时机

切除在机车下部拉动弹停制动缸“辅助缓解”手柄以外的所有弹停缓解功能，实施弹停制动并保持时。

②操作方法

关闭弹停塞门。

③验证已实施弹停制动的方法

a. 司机台状态指示屏“停车制动”红灯亮；

b. 机车外侧弹停装置指示器显示红色；

c. 机车空气制动在缓解状态（机车外侧空气制动指示器显示绿色），手推或脚蹬弹停制动缸无摆动感。

视频

4-3 实施弹停缓解的方法

3. 实施弹停缓解的方法

（1）利用弹停转换开关 SA99（SA100）

①使用时机

在机车弹停控制回路供电正常，弹停风缸有足够风压的情况下，需要实施弹停缓解时。

②操作方法

a. 对通过关闭弹停塞门来实施弹停制动的机车，在实施弹停缓解前，应先开放弹停塞门。

b. 将弹停转换开关SA99（SA100）置“缓解”位，待机车实施弹停缓解后，松开转换开关，其自复到“0”位。

③验证已实施弹停缓解的方法

a. 司机台状态指示屏“停车制动”红灯灭；

b. 机车外侧弹停装置指示器显示绿色；

c. 机车空气制动在缓解状态（机车外侧空气制动指示器显示绿色），手推或脚蹬弹停制动缸有明显摆动感。

（2）利用弹停缓解手动按钮

①使用时机

在机车弹停控制回路无电，但弹停风缸有足够风压的情况下，需要实施弹停缓解时。

②操作方法

a. 对通过关闭弹停塞门进行弹停制动的机车，在实施弹停缓解前，应先开放弹停塞门；

b. 按压弹停缓解手动按钮，待机车弹停制动缓解后，松开手动按钮。

③验证已实施弹停缓解的方法

a. 机车外侧弹停装置指示器显示绿色；

b. 机车空气制动在缓解状态（机车外侧空气制动指示器显示绿色），手推或脚蹬弹停制动缸有明显摆动感。

（3）利用弹停“辅助缓解”手柄

①使用时机

机车已实施弹停制动，机车弹停控制回路无电、弹停风缸风压低或无法进入机车，但需要缓解机车弹停装置时。

②操作方法

拉动弹停制动缸上的“辅助缓解”手柄，待该轮弹停制动缓解后松开（在 1、6 轮设有 4 个弹停制动缸，应逐个进行缓解操作）。

③验证已实施弹停缓解的方法

机车空气制动在缓解状态（机车外侧空气制动指示器显示绿色），手推或脚蹬弹停制动缸有明显摆动感。

视频

4-4 休眠弹停装置的方法

4. 休眠弹停装置的方法

（1）实施时机

当需要彻底切除弹停制动功能，并始终保持机车弹停装置处在缓解状态（如无动力回送）时。

（2）操作方法

①关闭弹停塞门，使机车处于弹停制动状态。

②分别拉动 1、6 轴四个弹停制动缸“辅助缓解”手柄，待弹停制动缓解后松开。

③验证弹停装置已休眠的方法

分别按压弹停制动、缓解手动按钮，确认机车外侧弹停装置指示器一直显示红色；机车空气制动在缓解状态（机车外侧空气制动指示器显示绿色），手推或脚蹬弹停制动缸有明显摆动感。

5. 激活弹停装置的方法

视频

4-5 激活弹停装置的方法

（1）实施时机

在休眠弹停装置后，需要重新恢复弹停装置功能（如将机车制动系统由无动力回送状态恢复至运行状态）时。

（2）操作方法

①开放（打开）弹停塞门。

②恢复控制电路供电，使总风缸（弹停风缸）风压达到 650 kPa 以上。

③将弹停转换开关由“0”位置“缓解”“制动”位数次。

（3）验证弹停装置已激活的方法

若将弹停转换开关置“缓解”位，确认机车已处于弹停缓解状态；若将弹停转换开关置“制动”位，确认机车已处于弹停制动状态，则表明休眠的弹停装置已被激活。

6. 利用微机显示屏确认固定重联二位机车弹停装置作用状态的方法

视频

4-6 利用微机显示屏确认固定重联二位机车弹停装置作用状态的方法

首先使微机显示屏进入显示固定重联二位机车状态，再按以下方法确认：

（1）在“牵引/制动”画面点击【检修状态】→输入密码“000”→点击【确认】【状态】【信号信息】→

在“信号信息”画面→点击【DI1】，进入“DI1”画面第二页，确认440线，若440线底色为绿色，说明固定重联二位机车的弹停装置处在缓解状态；若440线底色显示黑色，说明固定重联二位机车的弹停装置处在制动状态。

（2）在“牵引/制动”画面点击【机器状态】【开关状态】→进入“开关状态”画面第三页，确认KP53线，若KP53线底色为绿色，说明固定重联二位机车的弹停装置处在缓解状态；若KP53线底色显示黑色，说明固定重联二位机车的弹停装置处在制动状态。

说明：若本务机车状态指示屏“停车制动”灯显示不良，也可按上述方法通过微机显示屏确认本务机车弹停装置的作用状态。

7. 切除受电弓的方法

视频

4-7 切除受电弓的方法

（1）切除某台机车全部受电弓

①关闭制动控制柜上受电弓控制塞门（将蓝色钥匙逆时针转动90°呈水平状态）。

②关闭Ⅰ、Ⅱ端受电弓风路塞门U98。

（2）切除Ⅰ端受电弓

①将受电弓高压隔离控制开关SA96置“Ⅰ端隔离”位。

②关闭Ⅰ端受电弓风路塞门U98。

（3）切除Ⅱ端受电弓

①将受电弓高压隔离控制开关 SA96 置“Ⅱ端隔离”位。

②关闭Ⅱ端受电弓风路塞门 U98。

8. 恢复被锁定主变流器的方法

视频

4-8　恢复被锁定主变流器的方法

若某一主变流器在 3 min 内连续发生 2 次过流故障，该主变流器将被微机控制系统锁定，则无法再利用“复位”按钮使该主变流器恢复到正常工作状态。

若要恢复被锁定的主变流器，则应采取断电、降弓，调速手柄回“0”，再将控制电器柜“主变流器”自动开关 QA46 断开后再闭合的方法。

9. 恢复被锁定辅助变流器的方法

视频

4-9　恢复被锁定辅助变流器的方法

若某一辅助变流器输入回路在 2 min 内连续发生 2 次过流保护或在输出回路 2 min 连续发生 6 次过载保护时，该辅助变流器将被微机控制系统锁定，则无法再利用“复位”按钮使该辅助变流器恢复到正常工作状态。

若要恢复被锁定的辅助变流器，则应采取断电、降弓，调速手柄回“0”，再将控制电器柜“辅变流器”自动开关 QA47 断开后再闭合的方法。

10. 更换制动显示屏的方法

视频

4-10　更换制动显示屏的方法

（1）先将机车电钥匙置“0”位，再断开机车控制电器柜“蓄电池”自动开关 QA61。

（2）在更换制动显示屏时，为节省时间，最好两端同时进行拆除。先拆掉四个安装螺栓，拔下两个航空插头，再拆掉接地线（注意：对换到非操纵端的故障制动显示屏可不安装，但需将非操纵端接地线包扎好）。

（3）制动显示屏更换结束，闭合控制电器柜“蓄电池”自动开关 QA61，机车电钥匙置“合”位，待制动显示屏启动完毕后，还应按本章 11 条的方法对操纵端制动显示屏进行重新设定（主要为 A/B 端、本机的重新设定）。

视频

4-11 制动显示屏A/B端的重新设定方法

11. 制动显示屏 A/B 端的重新设定方法

更换制动显示屏后，待制动显示屏启动完毕，应对其 A/B 端重新进行设定，其设定方法如下：

点击 F7【显示信息】键，再点击 F3【机车号】键，使用 F4 键将光标移动到机车号最后一个字母下方（Ⅰ端为 A，Ⅱ端为 B），然后点击 F1【递增】键，使机车号及字母与微机显示屏的“Ⅰ、Ⅱ端”匹配，再点击 F6【接受】键，最后点击 F8【退出】键，确认显示屏右下方新设置的 A/B 端显示正确。

视频

4-12 修改微机显示屏日期的方法

12. 修改微机显示屏日期的方法

（1）在微机显示屏“牵引/制动”画面，点击【检修状态】触摸键，微机显示屏进入“密码设定”画面。

（2）在微机显示屏“密码设定”画面，输入数字

“000”后，点击【确认】键。

（3）点击【设定】键，微机显示屏进入“设定菜单”画面。

（4）点击【时钟设定】键，微机显示屏显示原年、月、日、时、分。

（5）点击【日】触摸键，日字底色变为蓝色，再点击【清除】触摸键，消除微机显示屏原显示日期，再点击需要修改后日期数字键，最后点击【设定】键、【确认】键。

（6）确认微机显示屏日期被成功修改后，连续点击【返回】键，使微机显示屏返回到“牵引/制动”画面。

视频

4-13　切除固定重联二位机车的方法

13. 切除固定重联二位机车的方法

采用固定重联运行方式的二位机车故障需要将其切除时：

（1）区间可先利用微机显示屏触摸开关切除二位机车的主、辅变流器，尽量使列车维持进站后再进行处理。

（2）在前方站停车后，若总风供风系统正常时：

①确认二位机车弹停装置已处于缓解状态。

②断开二位机车控制电器柜“蓄电池”自动开关。

③关闭二位机车制动控制柜上受电弓控制塞门（将蓝色钥匙逆时针转动 90°呈水平状态或拔出蓝色钥匙）。

④确认固定重联一位机车微机控制系统进入“单机”控制模式。

（3）在前方站停车后，若二位机车制动系统故障，不能保证弹停风缸正常供风时，则将二位机车按无动力回送的处理方法进行处理。

视频

4-14 固定重联机车故障，需要撤除固定重联，使两台机车按一般重联方式运行的方法

14. 固定重联机车故障，需要撤除固定重联，使两台机车按一般重联方式运行的方法

（1）制动停车后，断电、降弓，断开两台机车控制电器柜的“蓄电池”自动开关 QA61。

（2）撤除重联线，关闭平均管、总风联管折角塞门。

（3）闭合两台机车控制电器柜“蓄电池”自动开关 QA61，确认微机控制系统均进入“单机”控制模式。

（4）前位机车制动系统设为“本机货车”状态，后位机车制动系统设为“单机”状态。

（5）后位机车听从前位机车指挥，执行一般重联机车联系、操纵办法维持运行。

（6）后位机车微机控制设为“单机”控制模式后，其警惕装置已投入使用，故后位机车乘务员必须按照规定及时按压警惕按钮或脚踩警惕开关，谨防警惕装置动作。

15. 确定司机台扳键开关组故障的方法

视频

4-15　确定司机台扳键开关组故障的方法

若进行扳键开关操作后，其所控制的电器不能正常工作，且又符合以下情况之一时，即可确定扳键开关组故障。

（1）目　　视

外观检查发现扳键开关组烧损、断裂、破损。

（2）动作试验

发现机械联锁故障、扳键卡劲。

（3）通过微机显示屏确认

在“牵引/制动”画面点击【检修状态】→输入密码“000”→点击【确认】【状态】【信号信息】→在“信号信息”画面→点击【DI2】，进入“DI2”画面，查看不同扳键开关操作时，是否有对应的信号输出。

①若在Ⅰ端操纵，进入“DI2”第一页确认。

正常情况下：

a. 机车电钥匙置“合”位：

501 线底色变绿（Ⅱ端操纵，601 线底色变绿）。

b. 受电弓扳键开关置“后受电弓”位：

514 线底色变绿。

c. 受电弓扳键开关置“前受电弓”位：

515 线底色变绿。

d. 主断扳键开关置“主断合”位：

516 线底色变绿。

e. 主断扳键开关置“主断分”位：

517 线底色变绿。

f. 压缩机扳键开关置“强泵风”位：

518 线底色变绿。

g. 压缩机扳键开关置“压缩机”位：

519 线底色变绿。

若扳键开关置某一位时，其对应的信号线底色未变绿，即可确定该扳键开关故障。

②若在Ⅱ端操纵，机车电钥匙仍在“DI2”第一页判断，其他扳键开关在“DI2”第二页进行判断。

正常情况下：

a. 受电弓扳键开关置“后受电弓”位：

614 线底色变绿。

b. 受电弓扳键开关置“前受电弓”位：

615 线底色变绿。

c. 主断扳键开关置“主断合”位：

616 线底色变绿。

d. 主断扳键开关置“主断分”位：

617 线底色变绿。

e. 压缩机扳键开关置“强泵风”位：

618 线底色变绿。

f. 压缩机扳键开关置“压缩机”位：

619 线底色变绿。

若扳键开关置某一位时，其对应的信号线底色未变绿，即可确定该扳键开关故障。

16. 确定司机控制器故障的方法

视频

4-16　确定司机控制器故障的方法

若进行司机控制器操作后，其所控制的电器不能正常工作，且又符合以下情况之一时，即可确定司机控制器故障。

（1）目　　视

外观检查发现司机控制器烧损、断裂、破损。

（2）动作试验

发现机械联锁故障、手柄卡劲。

（3）通过微机显示屏确认

在“牵引/制动”画面点击【检修状态】→输入密码“000”→点击【确认】【状态】【信号信息】→在“信号信息”画面→点击【DI2】，进入“DI2”第一页，查看司机控制器置不同位置时，是否有对应的信号输出。

正常情况下：

a. 换向手柄置“前”位：

Ⅰ端操纵 502 线底色变绿；Ⅱ端操纵 602 线底色变绿。

b. 换向手柄置“0”位：

Ⅰ端操纵 503 线底色变绿；Ⅱ端操纵 603 线底色变绿。

c. 换向手柄置“后”位：

Ⅰ端操纵 504 线底色变绿；Ⅱ端操纵 604 线底色变绿。

d. 调速手柄置“制”区：

Ⅰ端操纵 506 线底色变绿；Ⅱ端操纵 606 线底色变绿。

e. 调速手柄置“0”位：

Ⅰ端操纵 507 线底色变绿；Ⅱ端操纵 607 线底色变绿。

f. 调速手柄置“牵引”区：

Ⅰ端操纵 508 线底色变绿；Ⅱ端操纵 608 线底色变绿。

g. 按下警惕装置按钮：

521 线底色变绿。

若司机控制器置某一位时，其对应的信号线底色未变绿，即可确定该司机控制器故障。

17. 更换司机台扳键开关组的方法

（1）拆　　除

①断开控制电器柜上“蓄电池”自动开关 QA61。

②拆下“前照灯”球形手柄、“压缩机”T 形手柄、“司机室灯”T 形手柄及机车电钥匙转柄。

③将扳键开关组面板拆下（注意可能先要将安装板背面安装柱上的 M5 螺母拆下）。

④将安装板四角的沉头螺钉拆下。

⑤取出扳键开关组。

⑥拔下扳键开关组插头（两个）。

视频

4-17　更换司机台扳键开关组的方法

（2）安　　装

①安装、紧固扳键开关组插头（两个）。

②放入扳键开关组。

③紧固安装板四角的沉头螺钉。

④安装扳键开关组面板。

⑤安装“前照灯”球形手柄、“压缩机”T形手柄、“司机室灯”T形手柄及机车电钥匙转柄。

⑥闭合控制电器柜上“蓄电池”自动开关QA61。

18. 更换司机控制器的方法

（1）拆　　除

①断开控制电器柜上“蓄电池”自动开关QA61。

②拔下换向手柄、插头。

③利用面板背后的螺柱将面板顶起，取下面板。

④拆下司机控制器安装板上的安装螺钉，取下司机控制器。

（2）安　　装

①安放司机控制器，安装、紧固司机控制器安装板上的安装螺钉。

②安装面板。

③安装、紧固插头，插入换向手柄。

④闭合控制电器柜上“蓄电池”自动开关QA61。

视频

4-18　更换司机控制器的方法

视频

4-19 确认控制电源充电装置工作状态的方法

19. 确认控制电源充电装置工作状态的方法

(1) 司机室确认蓄电池是否充电

在司机室确认微机显示屏“牵引/制动”画面控制电路电压及多功能状态组合模块控制电路电压表，若均显示 110 V，则表明蓄电池处于充电状态。

(2) 确认控制电源充电装置工作状态

在微机显示屏“牵引/制动”画面点击【机器状态】【辅助电源】，进入“辅助电源”画面，检查确认 PSU1、PSU2 状态，若 PSU1、PSU2 底色显示红色，表明其处在“故障”或“切除”状态；底色显示绿色表明其处在“正常”工作状态；底色显示黑色表明其处在“停止”工作状态。正常运行时，PSU1、PSU2 应一个底色显示绿色，另一底色显示黑色。

视频

4-20 确认警惕按钮、警惕开关作用的方法

20. 确认警惕按钮、警惕开关作用的方法

在微机显示屏“牵引/制动”画面，点击【检修状态】→输入密码“000”→点击【确认】【状态】【信号信息】→进入“信号信息”画面，点击【DI2】，进入“DI2”第一页，检查、确认 521 线信号。

若按压警惕按钮或脚踩警惕开关后，521 线底色变为绿色，松开后，521 线底色恢复黑色，则表明警惕按钮或警惕开关作用良好；若按压警惕按钮或警惕开关后，521 线底色未变为绿色，或按压警惕按钮、脚踩警

惕开关后，521 线底色变为绿色，但松开后，521 线底色未恢复为黑色，即表明警惕按钮或警惕开关作用不良。

视频

4-21　状态指示屏“预备”灯的正常显示

21. 状态指示屏“预备”灯的正常显示

（1）当换向手柄不在“0”位，而调速手柄处在“0”位，且只要有一组主变流器处于正常工作状态时，状态指示屏“预备”灯亮。

（2）调速手柄离开“0”位，状态显示屏“预备”灯灭。

（3）调速手柄回“0”位后，状态指示屏“预备”灯不灭，约 7 min 后，所有主变流器中间回路电压均降至 36 V 以下时，状态指示屏“预备”灯灭。

（4）六组主变流器全部切除后，状态指示屏“预备”灯一直不亮。

22. 通过制动显示屏，查看制动机故障记录的方法

需要通过制动显示屏，查看制动机故障记录时，应在机车处于停止状态、司机控制器手柄在“0”位时进行。

查看方法：

在制动显示屏正常显示画面点击 F3【电空制动】键→点击 F7【维护菜单】键→点击 F2【事件记录】键进入“事件/故障记录”画面，就可查看制动机故障记录内容。查看完毕，按压 F8【退出】键，制动显示屏恢复正常显示画面。

视频

4-22　通过制动显示屏，查看制动机故障记录的方法

视频

4-23 确认主、辅变流器工作状态的方法

23. 确认主、辅变流器工作状态的方法

在微机显示屏“牵引/制动”画面点击【开放状态】，进入“开放”画面，确认主（辅）变流器 CI ×（APU ×）字母对应上方的显示：

（1）若显示绿底色“正常”二字，即表明该主（辅）变流器处在正常工作状态。

（2）若显示红底色“开放”二字，即表明该主（辅）变流器处在人工切除状态。

（3）若显示红底色“故障”二字，即表明该主（辅）变流器已处在故障状态或因故已被微机控制系统自动切除。

列车运行时，只有处在正常工作状态的主（辅）变流器才能正常投入工作。

24. 对机车制动机进行“自检”时的操作方法

视频

4-24 对机车制动机进行“自检”时的操作方法

（1）制动系统设置

①对该机车实施弹停制动。

②保证制动系统得电正常。

③保证压缩机工作正常，总风缸风压在 750 kPa 以上。

④在制动状态下关闭该机车靠车辆端列车管折角塞门（固定重联一位机车为靠二位机车端总风联管、列车管、平均管折角塞门）。

⑤确认该机车制动系统设置为“本机货车”状态。

⑥大、小闸手柄均置“运转”位。

⑦确认司机控制器手柄在“0”位。

（2）制动显示屏运行自检程序

①依次点击 F3【电空制动】键、F7【维护菜单】键，制动显示屏进入“空气制动主菜单”画面。

②点击 F1【自检】键，进入“自检授权”画面。

③输入密码 312123（点击 1、2、3 数字下面对应的 F1、F2、F3 键）。

④点击 F5【接受】键，进入“单节自检”画面。

⑤点击 F1【运行】键，自检开始。

⑥自检结束后，点击 F8【退出】键，制动显示屏返回主画面。

（3）恢复制动机设置

①大闸手柄置“抑制”位，小闸手柄置“全制”位。

②开放该机车靠车辆端列车管折角塞门（固定重联一位机车为靠二位机车端总风联管、列车管、平均管折角塞门）。

③缓解弹停制动。

④进行制动机简略试验，确认列车制动良好。

25. 主变流器水流量计的检查、调节方法

视频

4-25　主变流器水流量计的检查、调节方法

（1）主变流器水流量计的检查

在高压状态（即升弓、合主断的状态）下，检查、

确认主变流器水流量计黑色指针应指向刻度 200 L/min。如黑色指针高于或低于 200 L/min，可通过流量调节阀调节至 200 L/min。

（2）主变流器水流量计的调节方法

主变流器水流量计的调节必须在机车处于高压状态下进行。正常情况下，流量调节阀的两个紧固螺栓处于紧固状态下，此时流量调节阀被锁死。

①先将流量调节阀的两个紧固螺栓松掉。

②旋转流量调节阀，使主变流器水流量计黑色指针处于 200 L/min 的位置。

③水平紧固流量调节阀的两个紧固螺栓（注意：两螺栓紧固时需水平紧固且力矩不要太大）。

要求：主变流器水流量计流量调整至 200 L/min 后，流量调节阀的两个紧固螺栓必须紧固，使流量调节阀处于锁死的状态，平时不允许人为地随意调整流量。

第五章

制动系统设置

HXD3 型电力机车制动系统有 6 种基本设置；其在一定条件下，“本机货车”“本机客车”“单机”“补机”4 种状态可通过制动显示屏触摸开关进行设置。

视频

5-1 本机货车状态

1. 本机货车状态

牵引货物列车、无阶段缓解功能的旅客列车及单机运行时，本务机车的制动系统均设为“本机货车”状态。在此状态，机车的单独制动与缓解可通过操作小闸手柄来实现；列车的制动、缓解、保压可通过操作大闸手柄来实现。

设置方法：

（1）采用固定重联运行方式时，应先将二位机车制动系统设置为“补机”状态。

（2）大闸手柄置“运转”位，小闸手柄置“全制”位。

（3）点击 F3【电空制动】键，机车当前的设置信息显示在制动显示屏消息栏中。按照“本机货车”状态“600（500）kPa、操纵端、列车管投入、货车、不补风”的要求，选择点击不同的键（F4 操纵端/非操纵端、F5 列车管投入/列车管切除、F6 货车/客车），机车新设置的信息就会显示在制动显示屏消息栏中（在原设置信息上方，字体为淡灰色）。

（4）若确认新设置信息正确后，点击 F1 键执行，显示屏显示新设置的“本机货车”状态；若确认新设置信息的列车管风压、补风/不补风未达到“本机货车”状态要求时，则再点击 F3【其他】键进入下一菜单，选择点击不同键（F3 定压 500/600 kPa、F4 减少 10 kPa、F5 增加 10 kPa、F7 补风/不补风），当新设置达到“本机货车”要求后，点击两次 F1 键执行，制动系统即进入新设置的“本机货车”状态。

视频

5-2　本机客车（阶段缓解）状态

2. 本机客车（阶段缓解）状态

特别注意：制动显示屏仍显示“本机”状态，仅在当前设置中确认为客车。

牵引具有阶段缓解功能的旅客列车时，本务机车的制动系统设为“本机客车”状态。在此状态，机车的单独制动与缓解可通过操作小闸手柄来实现；列车的制动、缓解、保压可通过操作大闸手柄来实现。但大闸在常用制动区，随着大闸手柄移动，均衡风缸、列车管可随时增减压（即有阶段缓解功能）。

设置方法：

（1）大闸手柄置“运转”位，小闸手柄置“全制”位。

（2）换向手柄置“0”位。

（3）点击 F3【电空制动】键，机车当前的设置信息显示在制动显示屏消息栏中。按照“本机客车”状态“500（600）kPa、操纵端、列车管投入、客车、补风”的要求，选择点击不同的键（F4 操纵端/非操纵端、F5

列车管投入/列车管切除、F6 货车/客车），机车对应改变的设置信息就会显示在制动显示屏消息栏中（字体为淡灰色）。

（4）若确认新设置信息正确后，点击 F1 键执行，制动系统即被设置为“本机客车”状态（显示屏仍显示“本机”状态）；若确认新设置信息的列车管风压、补风/不补风未达到“本机客车”状态要求时，则再点击 F3【其他】键进入下一菜单，选择点击不同键（F3 定压 500/600 kPa、F4 减少 10 kPa、F5 增加 10 kPa、F7 补风/不补风），当新设置达到“本机客车”要求后，点击两次 F1 键执行，制动系统即进入新设置的“本机客车”状态（显示屏仍显示“本机”状态）。

制动系统设置为“本机客车”状态后，制动显示屏仍显示“本机”，仅在当前设置中确认为“客车”状态。

3. 单机状态

当机车按一般重联运行或有动力附挂运行，且与本务机车不进行平均管连结时，将其制动系统设为“单机”状态。在此状态，控制列车管风压的能力被切除，即本台机车失去了除紧急制动以外操控列车管风压的能力，机车的制动、缓解、保压可根据列车管风压的变化而变化。但小闸仍可干预本车制动缸风压。

视频

5-3 单机状态

设置方法：

（1）采用固定重联运行方式时，应先将二位机车制动系统设置为“补机”状态。

（2）大闸手柄锁定“重联”位，小闸手柄置“全制”位。

（3）换向手柄置“0”位。

（4）点击 F3【电空制动】键，机车当前的设置信息显示在制动显示屏消息栏中。按照“单机”状态“600（500）kPa、操纵端、列车管切除、货车、不补风”的要求，选择点击不同的键（F4 操纵端/非操纵端、F5 列车管投入/列车管切除、F6 货车/客车），机车对应改变的设置信息就会显示在制动显示屏消息栏中（字体为淡灰色）。

（5）若确认新设置信息正确后，点击 F1 键执行，显示新设置的“单机”状态；若确认新设置信息的列车管风压、补风/不补风未达到“单机”状态要求时，则再点击 F3【其他】键进入下一菜单，选择点击不同键（F3 定压 500/600 kPa、F4 减少 10 kPa、F5 增加 10 kPa、F7 补风/不补风），当新设置达到“单机”要求后，点击两次 F1 键执行，该机车制动系统即进入新设置的“单机”状态。

4. 补机状态

当机车有动力附挂运行，且与本务机车进行平均管连结及采用固定重联运行方式的二位机车，其制动系统设为“补机”状态。在此状态，该机车的大、小闸手柄失去了除大闸在“紧急”位以外的所有功能。机车的制动、缓解、保压通过平均管来控制。

视频

5-4 补机状态

设置方法：

（1）小闸手柄置“全制”位，大闸手柄锁定在“重联”位。

（2）换向手柄置“0”位。

（3）点击 F3【电空制动】键，机车当前的设置信息显示在制动显示屏消息栏中。按照“补机”状态“500（600）kPa、非操纵端、列车管切除、货车、不补风”的要求，选择点击不同的键（F4 操纵端/非操纵端、F5 列车管投入/列车管切除、F6 货车/客车），机车对应改变的设置信息也会显示在制动显示屏消息栏中（字体为淡灰色）。

（4）若确认新设置信息正确后，点击 F1 键执行，显示屏显示新设置的“补机”状态；若确认新设置信息的列车管风压、补风/不补风未达到“补机”状态要求时，则再点击 F3【其他】键进入下一菜单，选择点击不同键（F3 定压 500/600 kPa、F4 减少 10 kPa、F5 增加 10 kPa、F7 补风/不补风），当新设置达到“补机”要求后，点击两次 F1 键执行，该机车制动系统即进入新设置的“补机”状态。

（5）小闸手柄置“运转”位。

（6）确认与本务机车列车管、总风管、平均管连通。

视频

5-5 “无动力一”状态

5. “无动力一”状态

当机车因故需采用无动力回送状态运行且连挂在车辆后或虽连挂在机车后但无法与前台机车进行总风联管、

平均管连结及弹停装置故障时，将制动系统设置成“无动力一”状态。在此状态，机车的制动、缓解与保压与货运车辆相同。

设置方法：

（1）司机控制器手柄置“0”位。

（2）小闸手柄置“运转”位，大闸手柄锁定在“重联”位。

（3）关闭弹停制动塞门，实施弹停制动。

（4）断开控制电器柜上除“蓄电池”“车内照明”以外的所有自动开关。

（5）将制动控制柜上无动力回送塞门转到“无动力回送”位。

（6）利用总风缸排水塞门，将总风缸风压排至 350 kPa 左右（时间不允许可暂时不做）。

（7）拉动弹停制动缸上的“辅助缓解”手柄，确认弹停装置已缓解。

（8）连结列车管，打开折角塞门。

（9）开放平均管折角塞门（平均管通大气）。

6. “无动力二”状态

当机车因故采用无动力回送状态运行且连挂在本务机车后，并与本务机车可进行总风联管、平均管连结时，将制动系统设置成“无动力二”状态。在此状态，该机车的制动、缓解与保压与本务机车相同。

视频

5-6 “无动力二”状态

设置方法：

（1）司机控制器手柄置“0”位。

（2）小闸手柄置“运转”位，大闸手柄锁定在“重联”位。

（3）确认机车弹停装置已处于缓解状态。

（4）断开控制电器柜上除“蓄电池”“车内照明”以外的所有自动开关。

（5）确认列车管、总风联管、平均管已连通。

第六章

机车试验

视频

6-1 低压试验

一、低压试验

（一）准备工作

1. 确认车顶门、控制电器柜柜门锁闭良好，高压接地开关在“运行”位（两把黄色钥匙插入）；蓝色钥匙插入制动控制柜锁孔，开通受电弓风路（蓝色钥匙呈垂直状态）。

2. 确认各风路塞门在正常工作位置［制动控制柜：总风塞门 A24、踏面清扫塞门 B50. 02（后期机车已取消）、弹停塞门 B40. 06、撒砂塞门 F41. 02、制动缸塞门 Z10. 22 在“开放”位；干燥器下：控制风缸塞门 U77 在“开放”位、总风缸排水塞门 A12 在“关闭”位；压缩机与Ⅰ端变流柜间侧墙：Ⅱ端受电弓塞门 U98 在“开放”位；压缩机与Ⅰ端变流柜间小地板下：弹停风缸排水塞门 A14、控制风缸排水塞门 U88 均在“关闭”位；控制电器柜与Ⅱ端变流柜间侧墙：主断路器供风塞门 U94，Ⅰ、Ⅱ端受电弓高压隔离开关塞门 U95，Ⅰ端受电弓塞门 U98 均在“开放”位］。

3. 确认总风缸风压不低于 750 kPa，机车控制电路电压不低于 96 V。

4. 确认控制电器柜上的自动开关位置正确（除直流加热及自动过分相自动开关在“断开”位外，其余自动开关均在“闭合”位）。

5. 实施弹停制动。

6. 司机室各控制器在“0”位，打开机械室门。

(二) 试验顺序及要求

1. 微机显示屏试验

(1) 状态指示屏“微机正常”“主断分”“零位”“欠压”“辅变流器”“水泵”“停车制动”灯亮。

(2) 点击状态指示屏“自检”按钮，所有状态指示灯均亮。

(3) 确认微机显示屏显示正常，其网压、控制电路电压显示与仪表模块显示一致。

(4) 主、辅变流器切除试验

利用微机显示屏触摸开关，分别将主变流器、辅变流器切除、恢复一次。

2. 弹停装置试验

(1) 弹停转换开关置“缓解”位

确认弹停制动缓解，状态指示屏“停车制动”红灯灭。

(2) 弹停转换开关置“制动”位

确认弹停装置制动，状态指示屏“停车制动”红灯亮。

3. 机车照明试验

依次闭合仪表、司机室、走廊、车底、前（副）照灯、标志等照明灯开关，检查各照明灯照明良好、逻辑控制关系正确。

4. 辅助设备试验

检查遮阳帘、风扇、刮雨器、工作状态良好，功能与开关指示位置相符合。

5. 机车电钥匙试验

(1) 机车电钥匙置“合”位

观察制动显示屏启动正常，检查制动显示屏各数据、参数设置正确。

（2）将大闸手柄置“抑制”位1 s后回“运转”位、小手柄置“全制”位

观察制动显示屏“动力切除”消除，制动显示屏均衡风缸、列车管风压显示600（500）kPa、机车制动缸风压显示300 kPa。

6. 主变流器试验

将主变流器试验开关（SA75）置“试验”位，进行以下试验：

（1）主断路器试验

①将主断路器扳键开关（SB43或SB44）置“主断合”位。

听主断路器闭合声；看状态指示屏“主断分”灯灭，微机显示屏显示“主断合”。

②将主断路器扳键开关（SB43或SB44）置“主断分”位。

听主断路器断开声；看状态指示屏“主断分”灯亮，微机显示屏显示“主断分”。

（2）牵引试验

①“前”位牵引试验

a. 换向手柄置“前”位

听充电、工作接触器动作声，看微机显示屏方向指示与手柄位置一致。

b. 缓慢将调速手柄由“0”推向“牵引”区最大位

看状态指示屏“零位”灯灭、微机显示屏级位显示从0升至13.0，各轴输出显示由0升至约95 kN。

c. 缓慢将调速手柄退至“0”位

看微机显示屏级位和牵引力显示逐步回“0”、状态指示屏“零位”灯亮。

d. 换向手柄置“0”位

听工作接触器断开声。

②“后”位牵引试验

试验内容同“前”位牵引试验。

（3）电制动试验

①换向手柄置“前”位，将调速手柄拉向“制动区”并逐渐移至最大位。

看状态指示屏“零位”灯灭、“电制动”灯亮；听制动系统短暂排风声（机车制动缸有风时）；看微机显示屏手柄级位由 11.9 级～1 级间变化。

②调速手柄退回“0”位。

看状态指示屏“电制动”灯灭、“零位”灯亮。

③缓解机车制动，换向手柄置“前”位，将调速手柄置“制动区”。

看状态指示屏“零位”灯灭、“电制动”灯亮；观察机车制动缸缓解。

④调速、换向手柄回“0”位。

（4）试验完毕，主变流器试验开关（SA75）恢复至“0”位。

7. 撒砂试验

分别将换向手柄置“前”“后”位，脚踩撒砂开关 SA83（SA84），确认撒砂装置作用良好。

8. 警惕装置试验

在微机显示屏“牵引/制动”画面点击【检修状态】→输入密码“000”→点击【确认】【状态】【信号信息】→进入“信号信息”画面→点击【DI2】→进入“DI2”画面第一页，手按警惕按钮或脚踩警惕开关，看 521 线底色变绿；松开后，底色恢复黑色。低压试验完毕，确认机车制动，司机控制器、机车电钥匙置“0”位。

视频

6-2 高压试验

二、高压试验

（一）准备工作

1. 确认机车各闸刀、试验开关、故障转换开关、风路塞门、车顶门、各屏柜门均在正常位。

2. 确认总风风压不低于 700 kPa、机车制动缸风压不低于 300 kPa、机车已实施弹停制动。

3. 确认控制电路电压不低于 96 V。

4. 通过微机显示屏将主变流器 CI1 ~ CI6 全部切除。

5. 将非操纵端大闸手柄锁定在“重联”位，小闸手柄置“全制”位，锁闭非操纵端司机室门窗。

6. 确认操纵端司机控制器手柄在“0”位、机车电钥匙在“0”位。

7. 确认机车停留在有电区且接地线已撤除、隔离开关已闭合，机车两端地面防护牌、信号旗（信号灯）已撤除，机车周围无闲杂人员且均处于安全区域，高压试验人员均在司机室。

（二）试验顺序及要求

1. 制动显示屏试验

机车电钥匙置“合”位

（1）确认制动显示屏启动正常，检查制动显示屏各数据、参数设置正确。

（2）将大闸手柄置“抑制”位 1 s 后回“运转”位、小闸手柄置“全制”位，确认制动显示屏“动力切除”消除，制动显示屏均衡风缸、列车管风压显示 600

(500) kPa、机车制动缸风压显示 300 kPa。

2. 升降弓试验

（1）后弓试验

①高声呼唤“×道×××机车升弓了”并鸣笛一长声，将受电弓扳键开关 SB41（SB42）置“后受电弓”位。

a. 听升弓电磁阀得电充风声；

b. 观察受电弓上升正常，无冲网现象，升弓时间不得大于 5.4 s (从弓头动作时起)；

c. 确认网压表及微机显示屏网压显示正常、状态指示屏“欠压”灯灭。

②将受电弓扳键开关 SB41（SB42）置“0”位

a. 观察受电弓下降正常，无砸车顶现象，降弓时间不得大于 4 s (从弓头动作时起)；

b. 确认网压表及微机显示屏显示网压低于 5 kV、状态指示屏“欠压”灯亮。

（2）前弓试验

试验内容同后弓试验。

3. 主断路器试验

将主断路器扳键开关 SB43（SB44）置“主断合”位：

①听主断路器闭合声及辅变流器 2（APU2）启动后，水泵、辅变流器风机、油泵投入工作声。

②看机车状态指示屏“主断分”“辅变流器”“水泵”灯灭。

③进入微机显示屏“风机状态”画面，确认变压器油泵 MA21、MA22 及水泵 MA27、MA28 投入工作。

④进入微机显示屏“辅助电源”画面，看辅变流器 2（APU2）

输出频率为（50±1）Hz。

⑤观察控制电路电压表及微机显示屏，看控制电路电压显示110 V。

⑥进入机械室，确认冷却系统水流量计显示流量正常（黑色指针在200 L/min 左右）。

4. 压缩机试验

（1）总风风压低于750 kPa 时，将压缩机扳键开关SB45（SB46）置“压缩机”位。

①听空气压缩机1、2 间隔3 s 依次启动。

②进入微机显示屏“空制状态”画面，看压缩机CMP1、CMP2正常投入工作。

③当总风风压升至900 kPa 时，压缩机CMP1、CMP2 同时停止工作。

（2）当总风缸风压高于750 kPa 但又低于825 kPa 时，将压缩机扳键开关SB45（S1346）置“压缩机”位，此时，仅操纵端压缩机投入工作，当总风风压达到900 kPa 时自动停止工作。

（3）将压缩机扳键开关SB45（SB46）置“强泵风”位不松手。

①看操纵端压缩机投入工作，总风风压升至950 kPa 时听高压安全阀喷气声。

②松开压缩机扳键开关SB45（SB46），压缩机停止工作。

5. 换向手柄“前”位试验

（1）换向手柄置“前”位

①听辅变流器1（APU1）启动后，牵引及复合冷却风机启动。

②进入微机显示屏“风机状态”画面，确认牵引风机MA11～MA16 启动正常。

③进入微机显示屏“辅助电源”画面，看辅变流器1（APU1）输出频率升至33 Hz。

（2）换向手柄回“0”位

待1 min之后，听各牵引、复合冷却风机停止工作。

6. 电制动试验

（1）换向手柄置“前”位、调速手柄离开“0”位至“制动区”最大。

①看机车状态指示屏“零位”灯灭。

②进入微机显示屏“辅助电源”画面，看辅变流器1（APU1）输出频率升至（50±1）Hz。

③看微机显示屏显示级位由11.9级~1级间变化。

（2）调速手柄同“0”位

看机车状态指示屏“零位”灯亮。

7. 牵引试验

（1）弹停转换开关置“缓解”位，看机车状态指示屏“停车制动”红灯灭。

（2）通过微机显示屏触摸开关恢复主变流器CI1~CI3。

看状态指示屏“预备”灯亮。

（3）将调速手柄置牵引“*”位。

①看机车状态指示屏“零位”“预备”灯灭。

②看微机显示屏显示1.0级、牵引电机M1~M3输出显示13 kN左右。

（4）调速手柄退回“0”位。

①看机车状态指示屏“零位”“预备”灯亮。

②看微机显示屏牵引电机M1~M3输出变为0、手柄级位显示0级。

（5）通过微机显示屏触摸开关切除主变流器 CI1 ~ CI3、恢复主变流器 CI4 ~ CI6，将调速手柄置牵引“ * ”位。

①机车状态指示屏“零位”“预备”灯灭。

②微机显示屏显示 1.0 级、牵引电机 M4 ~ M6 输出显示 13 kN 左右。

（6）调速手柄退回 0 位。

①看机车状态指示屏“零位”“预备”灯亮。

②看微机显示屏牵引电机 M4 ~ M6 输出变为 0、手柄级位显示 0 级。

（7）换向手柄置“0”位，通过微机显示屏触摸开关切除主变流器 CI4 ~ CI6。

8. 辅变流器故障切换试验

（1）断开主断路器，通过微机显示屏“开放状态”栏手动切除 APU1，看 APU1 栏变红。重新闭合主断，听 APU2 启动声，各风机启动运行，通过微机显示屏“机器状态”栏“风机状态”界面，确认 WP1、WP2 水泵，MA21、MA22 油泵工作正常，MA11 ~ MA16 牵引风机，MA17、MA18 复合冷却风机启动正常。

（2）通过微机显示屏“机器状态”栏“辅助电源”界面看 APU2 输出电源频率为 50 Hz，看 PSU1（PSU2）装置投入工作，观察控制电压表及微机显示屏显示控制电压 110 V。

（3）断开主断路器，恢复 APU1，切除 APU2 试验［试验内容及步骤同（1）、（2）］。

9. PSU 装置转换试验

（1）断电、降弓、拉回电钥匙开关，通过微机显示屏维修模式修改系统日期，修改完毕后脱开蓄电池开关，等待 30 s 后恢复蓄电池开关。

（2）重新升弓闭合主断，确认控制电压表及微机显示屏显示控制电压 110 V，通过微机显示屏“辅助电源”界面，确认另一组 PSU 投入工作。

（3）断开主断路器，采用手动转换 PSU 单元，将 PSU 装置柜侧面转换开关转至另一组 PSU 单元，闭合主断，确认控制电压表及微机显示屏显示控制电压 110 V，通过微机显示屏“辅助电源”界面，确认另一组 PSU 投入工作。

三、制动机试验（五步闸）

视频

6-3　制动机试验（五步闸）

（一）准备工作

必须确认机车停放制动已施加，或在车轮下放置止轮器防止机车移动。

（二）试验顺序及要求

第一步　自动制动手柄紧急位

实验开始前确认总风压力 750 ~ 900 kPa，制动缸压力 0，均衡风缸压力 600 kPa，列车管压力 600 kPa，将换向手柄置“前”位，自动制动手柄由“运转”位，推向“紧急制动”位，此时列车管压力在 3 s 内降为 0，制动缸在 3 ~ 5 s 内升至 200 kPa，并继续增压至 450 kPa，均衡风缸压力降为 0，紧急制动倒计时 60 s 开始，制动显示屏显示动力切除，侧压单独制动手柄，制动缸压力下降为 0，手柄复位后制动缸压力恢复至 450 kPa 左右，60 s 倒计时结束后，换向手柄至“0”位，将自动制动手柄由紧急位移至运转位，确认制动显示屏动力切除显示消失，确认均衡风缸、列车管恢复定压，制动缸压力降至0。

第二步　自动制动手柄“全制”位

将自动制动手柄移至“全制”位，均衡风缸在5～7 s减压170 kPa，列车管减压到均衡风缸压力的±10 kPa，制动缸压力在6～8 s增压到420 kPa，此时保压1 min，确认均衡风缸压力泄漏不大于7 kPa，列车管压力泄漏不大于10 kPa，制动缸压力变化不大于25 kPa，将自动制动手柄由“全制动”位移至“抑制”位，各风缸压力无变化，再将自动制动手柄由“抑制”位移至“运转”位，均衡风缸、列车管增压至600 kPa，制动缸压力下降为0。

第三步　自动制动手柄“初制动”位

将自动制动手柄由“运转”位移至“初制动”位，均衡风缸减压50 kPa，列车管减压到均衡风缸压力的±10 kPa，制动缸增压到70至110 kPa，单独制动手柄侧压后压力降为0，复位后制动缸压力不变，将自动制动手柄移至“重联”位，均衡风缸压力以常用制动速率降为0，列车管减压到55～85 kPa后保持，制动缸增压至450 kPa，再把自动制动手柄由“重联”位移至“运转”位，均衡风缸、列车管压力恢复至定压，制动缸压力下降至0。

第四步　单独制动手柄阶段制动缓解

将单独制动手柄阶段移至“全制动”位，制动缸压力阶段上升，在“全制动”位时，制动缸压力为300 kPa。将单独制动手柄由“全制动”位阶段移至“运转”位，制动缸压力阶段下降，在“运转”位时制动缸压力下降为0，将单独制动手柄直接移至“全制动”位，制动缸压力在2～3 s内上升到280 kPa，最终为（300±15）kPa。将单独制动手柄直接移至“运转”位，制动缸压力在3～5 s内下降至

35 kPa 以下，并继续降至 0。

第五步　单机模式

将自动制动手柄移至制动区减压 100 kPa，均衡风缸减压 100 kPa，列车管减压到均衡风缸压力的 ± 10 kPa，制动缸增压到 230 ~ 250 kPa，制动屏模式设置为“单机”状态。将自动制动手柄移至“全制动”位，均衡风缸减压 170 kPa，列车管压力保持不变，制动缸压力保持不变。单独制动手柄侧压制动缸压力下降为 0，手柄复位后，制动缸压力不恢复。自动制动手柄由“全制动”位移至“运转”位，均衡风缸增压至 600 kPa，列车管压力保持不变，制动缸压力保持不变。单独制动手柄由“运转”位移至“全制动”位，制动缸压力在 2 ~ 3 s 内上升到 280 kPa，最终为 300 kPa。单独制动手柄由“全制动”位移至“运转”位，制动缸压力在 3 ~ 5 s 内降到 35 kPa 以下。试验结束。

视频索引

续上表

资 源 标 题	页码
4-16 确定司机控制器故障的方法	71
4-17 更换司机台扳键开关组的方法	72
4-18 更换司机控制器的方法	73
4-19 确认控制电源充电装置工作状态的方法	74
4-20 确认警惕按钮、警惕开关作用的方法	74
4-21 状态指示屏“预备”灯的正常显示	75
4-22 通过制动显示屏，查看制动机故障记录的方法	75
4-23 确认主、辅变流器工作状态的方法	76
4-24 对机车制动机进行“自检”时的操作方法	76
4-25 主变流器水流量计的检查、调节方法	77
5-1 本机货车状态	80
5-2 本机客车（阶段缓解）状态	81
5-3 单机状态	82
5-4 补机状态	83
5-5 “无动力一”状态	84
5-6 “无动力二”状态	85
6-1 低压试验	88
6-2 高压试验	92
6-3 制动机试验（五步闸）	97